우리는 기후위기의 땅에 희망을 심었다

우리는 기후위기의 땅에 희망을 심었다
한국교회 몽골 은총의 숲 조성 10년 이야기

2022년 12월 6일 처음 펴냄

엮은이   기독교환경운동연대/(사)한국교회환경연구소
펴낸이   홍인식

펴낸곳   도서출판 엘까미노
출판등록   제 2021-000015호
주소   경기도 시흥시 마유로 443번길
전화   010 7383 7124
이메일   elcamino79@naver.com
블로그   https://blog.naver.com/elcamino79
인스타그램   elcamino7979

ISBN 979-11-980438-2-5 03200

환경보호를 위해 재생용지로 제작하였으며 녹색출판 마크를 사용하였습니다.

우리는 기후위기의 땅에 희망을 심었다

한국교회 몽골 은총의 숲 조성 10년 이야기

창조세계 보존의 밑거름,
은총의 숲

　지금 지구의 평균 기온은 산업화 이전인 1850~1900년에 비하여 1.09
도(0.95~1.20도)가 올랐는데 우리나라와 몽골은 1.8도가 올랐고 계속 오르
는 중입니다. 이로 인하여 지구 생태계가 겪고 있는 변화는 참으로 놀라
울 정도입니다. 1,500만 명의 목숨을 앗아가면서 750만 명의 어린이를
고아로 만든 코로나 19를 비롯하여 기록적인 홍수, 가뭄, 태풍, 산불 그리
고 빠르게 번지고 있는 사막화 등이 우리가 보고 있는 현상들입니다.

　기후변화를 일으키는 개발행위들은 또한 많은 땅을 사막으로 만들고
있습니다. 아프리카와 남미에서는 산림을 무리하게 개간하여 농사를 짓
고 과다하게 목축을 하여 많은 땅을 사막으로 만듭니다. 시베리아, 아마
존, 동남아시아 등지에서는 목재를 얻기 위하여 불법적인 방법으로 벌목
을 하고 제대로 관리를 하지 않아 사막을 만들기도 합니다. 필리핀과
태국은 그동안 목재 수출국에서 수입국으로 전락한 나라들입니다. 중앙
아시아의 아랄해 인근과 중국의 황하 유역에서는 물을 과다하게 사용하
여 사막이 늘어나기도 합니다. 게다가 기후변화가 진행되면서 서유럽과

남아프리카, 중국 남부와 아메리카 대륙의 대부분 지역에서는 강수가 감소하여 사막화가 급속하게 진행되고 있습니다. 이런 사막화는 세계적으로 식량 생산에 큰 차질이 생기게 하고 많은 생물은 먹고 살 자리를 잃게 됩니다.

UN의 사막화방지협약에 의하면, 현재 사막화는 지난 역사 기간보다 30~35배의 속도로 진행되고 있다고 합니다. 전 육지의 40%가량이 건조한 땅으로 변했고 20억 명의 인구가 물이 모자라 고생하면서 사는 것으로 보고 있습니다. 현재 매년 한반도 1.5배의 땅이 사막으로 변하고 있고, 6백만 내지 1천 2백만㎢의 땅이, 즉 남한 면적의 60배 내지 120배의 땅이 사막화의 위협에 처해 있습니다. 이는 요한계시록의 말씀을 떠올리게 합니다. "첫째 천사가 나팔을 부니 피 섞인 우박과 불이 나와서 땅에 쏟아지매 땅의 삼 분의 일이 타 버리고 수목의 삼 분의 일도 타 버리고 각종 푸른 풀도 타 버렸더라"(계 8:7).

특히 사막화의 피해를 크게 받고 있는 곳이 몽골입니다. 산업화 이전에는 국토의 절반이 되지 않았던 사막이 지금은 거의 90%에 이르는 땅이 사막이나 황무지로 변하면서 식물의 3/4이 사라졌습니다. 몽골 사막은 우리나라 황사의 근원지 중의 하나인데 최근에 사막화가 급격하게 진행되면서 황사도 크게 늘었습니다. 황사는 역사적으로는 몇 년에 한 번씩 왔다고 기록되어 있는데, 1980년대에는 일 년에 평균 2.9일, 90년대에는 5.3일, 2000년대에는 9.8일 2010년대에는 13.7일로 급격히 늘었습니다. 우리나라에 황사가 이렇게 거세어지는 것을 보면 몽골의 사막화가 얼마나 빨리 진행되고 있는지를 알 수 있습니다. 그리하여 유목민의 나라였

던 몽골이 유목할 땅이 없어져서 인구의 절반이 지금 일자리도 없이 울란
바토르에 모여 어렵게 살게 되었습니다.

비옥한 땅과 울창한 산림을 배경으로 발달했던 고대문명의 발상지들
이 지금은 모두 사막으로 변했습니다. 오랜 기간 목축을 하던 초지들
또한 사막으로 변한 것을 보면 알 수 있듯이 인간의 자연 친화적이지
못한 활동들이 많은 사막을 만들어 왔습니다. 그래서 지구 사막의 80%
이상은 인간이 만든 사막으로 간주하고 있습니다. 인간이 만든 사막은
인간이 노력하면 다시 녹지로 만들 수 있습니다.

이러한 뜻을 가슴에 새기고 근래에 이르러 사막으로 변한 몽골의 아르갈란트 지역의 땅 30ha를 30년간 몽골의 정부로부터 임대하여 나무를 심기로 한 것이 '한국교회 몽골 은총의 숲 조성 사업'입니다. 나무에 물을 줄 지하수를 개발하고, 묘목장을 만들고, 에너지를 공급할 태양광과 풍력 발전기를 세우고, 과수를 비롯한 여러 종류의 나무를 3만 주 가까이 심었습니다. 처음 몇 년간은 도무지 나무들이 제대로 자라지 않아서 이름만 숲이지, 부끄럼 없이 숲으로 불러도 될 날이 언제나 올까 걱정했었는데, 10년이 지난 지금은 어디서 왔는지 모르는 토끼가 와서 살 정도로 깜짝 놀랄 만큼 진짜 숲이 되었습니다. 그래서 여기서 나는 과실과 묘목을 판매하는 등 숲의 수익으로 자체 운영이 가능할 정도가 되었습니다. 우리가 뜻과 정성을 모으면 그 뒷일은 하나님이 하신다는 사실을 여실히 보여주었습니다.

진짜 숲으로 변한 은총의 숲 사진을 보여주었더니, 아프리카의 사헬 지역(사하라 남쪽, 최근에 사막화가 급속히 진행되는 지역)에서 사역하시는 한 선교사님이 그 지역도 우리의 도움이 절실히 필요하다고 하셨습니다. 추수해야 할 곳은 많은데 일손이 부족합니다. 북한이 그 한 지역이고 또 아프리카와 남미, 동남아시아와 시베리아가 우리를 부릅니다.

지금 이 땅의 많은 그리스도인은 큰 착각을 하고 있습니다. 교회를 위해서만 열심히 일하면 할 일을 다 한 줄로 생각하는데 그것은 큰 잘못입니다. 세상을 위해 무슨 일을 하느냐가 아주 중요합니다. 사람들에게 전도하는 것만이 세상을 위한 일이라고 생각하는 것도 잘못입니다. 요한복음 3:16에서 하나님이 사랑하신 '세상'은 자기만이 아니요 사람만도·아니요 '모든 피조물'을 이르는 것입니다. 하나님이 손수 창조하시고, '보시기에 심히 좋았다'라면서 그 아름다움에 감탄하셨습니다. '이처럼 사랑하신' 이 땅을 황폐하게 만들고 그 안의 피조물들이 고통을 받도록 두어서는 안 됩니다. 땅을 살려 창조질서를 회복시키고 피조물들에게도 기쁜 소식을 전해야 참다운 그리스도인이라고 할 수 있겠습니다. 몽골 은총의 숲이 하나님의 창조질서를 보존하는 선교사역에 한 밑거름이 되었으면 좋겠습니다.

김정욱
(사)한국교회환경연구소 이사장

기후위기 시대의 새로운 선교,
은총의 숲

내가 광야에는 백향목과 아카시아와 화석류와 들올리브 나무를 심고,
사막에는 잣나무와 소나무와 화양목을 함께 심겠다(사 41: 19).

유엔사막화방지협약(UNCCD)은 지구 표면의 1/3이 이미 사막이 되었
거나 사막화가 진행되고 있다고 발표했다. 이런 상태로 진행되면 2100년
엔 지구의 절반 이상이 사막이 될 것으로 예상한다. 아프리카의 사막화
와 내몽골의 사막화에 이어 최근 호주, 스페인, 미국 그리고 몽골의 사막
화는 지구 생태계 전체를 위협하고 있다. 이제 사막화는 지구의 최대
위협요인 중의 하나가 되고 있다.

몽골은 민족을 통합하고 아시아 중원과 동유럽, 중동, 인도, 한국 등
을 점령하고 가장 거대한 제국을 세웠던 강인한 민족이다. 하지만 지금
은 절반이 사막이 되었고 90%에서 사막화가 진행되고 있다. 한국교회는
몽골이 새롭게 살 수 있도록 도와야 한다. 사막에 샘이 솟고 나무가 자라
게 해야 한다. 처음 몽골에 나무를 심겠다고 하였더니 모두 비웃었다.
하지만 성경은 하나님이 사막에 나무 심기를 원하신다고 말씀하셨다. '한
국교회 몽골 은총의 숲 조성 사업'으로 하나님의 꿈이 몽골에서 시작된

셈이다.

숲은 곧 생명이다. 숲은 자연의 곳간이며 모든 나무 자원의 보물 창고이며 거대한 산소 공장이다. 공기 정화기이며(연간 1ha의 침엽수는 약 40t, 활엽수는 68t의 먼지를 정화함) 가장 아름답게 만들어진 방음벽이고 천연녹색 댐이자 거대한 정수기다. 숲은 자동으로 가동되는 재해방지센터이며(방풍림) 우리의 쉼터이자 건강증진센터요, 온갖 동물들의 보금자리이다. 문화의 산실이며 배움터요, 놀이터이며, 자본이다. 우리나라 숲의 연간 경제적 가치는 58조 원에 이른다.

오늘날 지구가 직면한 가장 큰 문제는 생태적 위기다. 기후 붕괴로 인한 가뭄과 홍수, 해빙과 해수면 상승, 폭풍과 해일, 질병의 확산, 생물종의 멸종, 곡물 생산량의 감소 등 환경 난민이 대량으로 발생하고 있어 전 지구적인 난제로, 지구 생존의 문제가 되고 있다. 거기에 공기와 수질 악화, 토양의 오염, 방사능 오염, 쓰레기 문제는 자연과 인간의 관계를 새롭게 조명하지 않으면 공멸할 수 있음을 보여준다. 이 환경오염의 원인은 불행하게도 인간의 욕망이다. 창조의 꽃인 인간의 방만한 삶이 하나님의 창조의 걸작인 지구 생태계를 파괴했다는 것은 역사의 아이러니다.

그런데 사막화를 막으려고 나무를 심는 사람들이 있다. 전 케냐 환경부 장관을 역임한 왕가리 마타이 교수는 30년 동안 나무를 심었고 그로 인해 케냐와 아프리카에 희망을 주었다. 그 결과 2004년 노벨 평화상을 수상했다. 그는 말했다. "전 인류가 나무를 심으면 지구 환경문제를 해결할 수 있다." 한 사람이 평생 뿜어내는 이산화탄소를 해결할 수 있는 나무는 1,000그루라고 한다. 평생 1,000그루 나무 심기 운동을 전개하면 어떨까?

기후변화로 인한 몽골의 사막화는 전 국토에서 급속도로 진행되고 있어 강력하면서도 시급한 대처가 없으면 나라가 송두리째 사라질 위기다. 사막화는 선진국의 경제 성장이 원인이므로 선진국의 책임 있는 행동을 요청한다. 한국교회는 몽골의 가장 심각한 문제인 사막화를 해결해 줌으로 선교환경을 조성할 수 있다. 이웃 나라의 어려움을 극복해 주는 것은 하나님의 명령인 이웃 사랑을 실천하는 길이기도 하다.

은총의 숲은 하나님의 창조세계를 보전하고 지구 생태계를 살릴 수 있으며 몽골의 초록화로 사막화를 저지하며 황사를 줄일 수 있다. 이산화탄소를 줄여 지구 온난화를 억제할 수 있고 아시아와 한반도의 사막화 위기를 막을 수 있다. 숲은 신선한 공기를 만들어 주고 정서적으로 안정감을 주며 목재와 종이 등 삶의 유용한 것을 준다. 숲은 새와 짐승의 거처가 되고 열매로 생명을 살리며 산채, 약초, 허브 식물 등 생물 다양성을 확장한다. 수자원을 보전하고 약초와 산채는 주민 경제에 도움을 준다. 녹지 공간 확대로 삶의 질을 높여주며 뜨거운 여름에는 주변 온도를 낮춰줌으로 지구 온난화를 억제할 수 있다. 아울러 한국교회에 대한 신뢰감을 높여 선교적 기반을 형성할 수 있다.

하나님은 손수 지으신 창조세계를 보시고 경탄하셨다. 자연엔 하나님의 창조 영성과 녹색 은총으로 충만하여 하나님을 드러내는 계시적 사건이 들어 있다. 하나님은 창조질서에 의해 세상을 섭리하신다. 창조세계를 존중하고 사랑하고 보전하는 일은 하나님이 인간에게 주신 최초의 사명이다. 환경선교는 이 시대를 향한 새로운 선교이다.

우리는 선교사보다 하나님이 먼저 들어가서 선교하신다는 하나님의 선교를 믿는다. 신앙을 강요하는 공격적 전도를 지양하고 자발적 신앙을 유도하여야 한다. 이제 우리는 직접 선교보다는 병원 설립 운영, 학교 설립, 주민복지 운동, 생태 환경 조성 등 선교 환경을 마련함으로 간접적으로 선교하는 길로, 지역 주민의 필요를 채워주는 선교로 나아가야 한다. 영혼 구원을 넘어 사회 구원, 생태계 구원으로 확대해야 한다. 교회와 선교사 중심 선교 방식에서 지역과 주민 중심의 선교로 전환, 인간 중심 선교에서 인간을 포함한 생명(자연과 우주) 중심적 선교로 전환하여야 한다.

이사야의 예언은 하나님께서 사막에 나무를 심고 자라게 하신다는 것이다. 그렇다면 누가 하나님의 손이 되고 발이 될까? 꿈은 하나님이 꾸지만, 그 꿈을 자신의 꿈으로 삼고 하나님의 꿈을 이루기 위해 힘쓰는 사람들에 의해 하나님의 꿈이 실현된다. 생태적 위기는 전 지구적으로 대처하지 않으면 그 실효성이 없고 미래를 보장할 수 없다. 무엇보다도 먼저 생태적 위기 극복을 위한 대안을 모색하고 신속하게 대처해야 한다. 몽골 사막화를 보며 풍요로움을 쫓아 살아온 우리의 탐욕스러운 삶을 반성하고 단순하고 소박한 삶으로 전환하고 책임 있는 행동으로 사막화 방지를 위해 실제 행동해야 한다.

제인 구달 박사는 자연의 회복력과 인간의 두뇌, 젊은이들의 열정, 생명을 살리고자 하는 인간 불굴의 정신이 지구 생태계를 살릴 것이라고 말했다. 지구를 파괴한 자도 인간이지만 지구를 살릴 수 있는 존재도 인간이란 말이다.

몽골 사막화 방지를 위한 한국교회 몽골 은총의 숲 조성 사업은 몽골을 푸르게 지구를 활력 있게 만드는 하나님의 일이다. 이 거룩한 선교에 힘을 모으자.

양재성 목사

기독교환경운동연대 상임대표

1부

은총의 숲,
어제 오늘 그리고 내일

희망의 단초

김기석

몽골 은총의 숲 추진위원장

광야와 메마른 땅이 기뻐하며, 사막이 백합화처럼 피어 즐거워할 것이다. 사막은 꽃이 무성하게 피어, 크게 기뻐하며, 즐겁게 소리칠 것이다. 레바논의 영광과 갈멜과 샤론의 영화가, 사막에서 꽃 피며, 사람들이 주님의 영광을 보며, 우리 하나님의 영화를 볼 것이다(사 35:1-2).

지질학자들과 지리학자들은 장구한 세월이 흐르는 동안 지구가 어떻게 모습을 바꿔왔는지를 증언합니다. 유적지 발굴 현장에서 우리는 켜켜이 쌓인 문명의 흔적들을 어렵지 않게 보곤 합니다. 장구한 우주의 역사 속에서 바라보면 우리 문명의 시간은 순식간이고 우리 삶의 시간은 찰나에 지나지 않습니다. 구상 시인의 말대로 인간은 '창창(蒼蒼)한 우주', '허막(虛漠)의 우주' 가운데서 꼬물거리고 살 뿐입니다. 우주의 신비 앞에 서면 인간은 겸허해지지 않을 수 없습니다.

그런데 호모 사피엔스가 지구의 지배자로 등장한 이후 우리 모두의 고향이자 어머니인 지구는 조금씩 병들기 시작했습니다. 가인의 형제 살해는 에덴 이후를 살아가는 인간 내면에 깃든 지배의 욕망이 가시화된 것입니다. 욕망은 시대에 따라 다른 옷을 입고 나타나지만, 그 본질은 자기를 세상의 중심에 놓으려는 충동입니다. 자기를 중심에 놓는 순간 다른 이들은 다 주변부로 전락합니다. 소외가 발생하는 것입니다. 욕망은 인간을 하나님으로부터도 멀어지게 하고, 이웃으로부터도 멀어지게 합니다. 당연한 결과이겠지만 자연으로부터도 멀어지게 만듭니다.

자연은 더 이상 하나님의 숨결이 깃든 신성한 장소가 아니라 인간의 욕망을 위해 사용 가능한 자원으로 전락했습니다. 마틴 하이데거는 현대 기술의 본질을 '닦달'이라는 말로 설명했습니다. 인간에게 필요한 것을 내놓으라고 자연을 닦달하고, 성과를 내라고 동료 인간을 닦달합니다. 이전에 비해 많은 것을 누리며 살지만, 사람들은 행복감을 느끼지 못합니다. 새로운 욕망이 우리를 밀어붙이고 있기 때문입니다. 욕망의 벌판을 분주하게 질주하는 동안 우리는 향유의 능력을 잃고 말았습니다. 존재자에서 존재자로 경중거리며 건너뛰느라 다른 것들을 돌아볼 여백이 없기 때문입니다. 나보다 많은 것을 누리고 사는 사람들에 대한 선망 혹은 원망이 우리 마음을 온통 지배합니다. 성 어거스틴은 자신의 삶을 돌아보며 '진리를 피하면서 찾고 있었다'라고 고백한 바 있습니다. 이 말을 비틀면 우리 실상이 보입니다. 우리는 행복을 피하면서 찾고 있는지도 모르겠습니다. '행복을 위하여'라고 말하며 행복을 외면하는 것 아닌지요?

일찍이 시인 최승호는 '몸'이라는 시에서 끙끙 앓고 있는 하나님이 불쌍하다고 노래한 바 있습니다. 불경한 말처럼 들리지만, 그 시어 속에

깊은 울림이 있습니다. 시인은 욕망에 사로잡힌 인간을 '암'에 빗대 설명합니다. 암은 숙주가 사망할 때까지 자기 증식을 멈추지 않는 세포입니다. 인간의 욕망이 그러하다는 것입니다. '온몸이 혓바닥뿐인 벌건 욕망들' 때문에 하나님이 끙끙 앓고 있다는 것이 시인의 진단입니다. 시인은 한 시대를 꿰뚫어 보는 사람입니다.

지구가 앓고 있습니다. 기후위기의 징후가 도처에서 나타나고 있습니다. 대형 산불이 곳곳에서 일어나고, 온실효과로 대기 중에 쌓인 에너지가 특정한 장소에 집중되면서 대홍수가 나타나기도 하고, 어떤 곳에서는 극심한 가뭄으로 나타나기도 합니다. 빙하가 녹아내리면서 해수면이 상승하고, 지하수가 고갈되어 땅이 가라앉기도 합니다. 바다도 심각하게 오염되고 있습니다. 다양한 생물 종들이 소리 없이 사라지고 있습니다. 지금 우리가 처한 위기를 적절하게 보여주는 한 이야기가 떠오릅니다.

우주 공간에서 우리의 별 지구는 다른 별 하나를 만난다. 그 별이 지구에게 묻는다. "너 잘 지내니?" 우리의 별은 이렇게 대답한다. "그렇지가 못해, 나는 호모 사피엔스를 태우고 다니거든." 그러자 그 낯선 별이 지구를 이렇게 위로해주었다고 한다. "까짓것 신경 쓰지 마. 금방 사라질 거야."[1]

과학자들은 이제 여섯 번째 멸종이 멀지 않았다고 경고하면서 우리가 살고 있는 시대를 '인류세'(Anthropocene)라고 칭하기도 합니다. 인류가

---

1 프란츠 알트, 『생태주의자 예수』, 손성현 옮김, 나무심는사람, 44.

지구 환경에 큰 영향을 끼친 시기라는 말일 겁니다. 인류세를 상징하는 물질은 방사능, 이산화탄소, 플라스틱, 콘크리트 등입니다. 이제는 정말 시간이 별로 없습니다. 지구는 절박한 신음을 내고 있는데, 사람들은 여전히 욕망의 노래를 부르고 있습니다. 요정 세이렌의 아름다운 노랫소리에 끌려가다가 난파당하고 마는 신화 속 인물들은 어쩌면 우리의 거울상이 아닐까요?

10여 년 전부터 시작한 몽골 은총의 숲 조성 사업은 어쩌면 무모한 도전일 수도 있습니다. 우리가 수천, 수만 그루의 나무를 심는다고 하여 사막화 진행을 막을 수 있다고 생각한 것은 아닙니다. 그것은 마치 죽은 나무에 몇 년 동안 물을 주었다는 어느 수도자의 행위와 같은 것일 수 있습니다. 작은 희망의 단초라도 만들고 싶었다고 말하는 게 좋을 것 같습니다. 거칠고 메마른 광야에 몇 년 만에 한 번씩 비가 흠뻑 내리면 그 척박한 땅속에 잠들어 있던 씨앗들이 발아하여 일제히 꽃을 피워 장관을 이루는 영상을 떠올리기도 했습니다. 우리가 심은 것은 희망이었고 기도였고 사랑이었습니다. 불모의 땅에 심어진 작은 나무들, 혹독한 조건을 견뎌야 했던 그 나무들이 이제는 제법 자라 숲을 이루고 있습니다. 울창한 숲은 아니지만, 벌과 나비가 찾아들고 새들도 날아와 즐겁게 머물다 가는 장소가 되었습니다.

무모한 도전을 지속할 수 있었던 것은 수많은 개인과 교회의 헌신 덕분이었습니다. 십시일반으로 모여진 성금으로 우리는 희망의 공간을 조금씩 넓혀갈 수 있었습니다. 전우익 선생님이 하셨던 말씀이 떠오릅니다. 어느 해인가 집 앞에 산수유나무를 심고 있는데 마을 사람들이 그걸

뭘 하려고 심느냐고 타박했다고 합니다. 십 년이 흐르고 이제 봄이면 노란 산수유꽃이 주변을 밝히고, 가을이면 붉은색 열매를 거두어 푸진데, 타박하던 사람들은 여전히 투덜거리며 살더랍니다. 희망은 언제나 무모해 보입니다. 그러나 희망을 차마 버릴 수 없는 사람들이 있어 희망은 현실이 됩니다.

아르갈란트에 세워진 은총의 숲은 이제 작은 희망의 단초가 되어 사람들을 끌어들이고 있습니다. 묘목이 필요한 사람들이 찾아오고, 나무 심기를 배우려는 이들도 찾아옵니다. 그리고 생태기행을 하는 이들도 찾아오는 장소가 되었습니다. 은총의 숲을 보면 겨자씨 비유가 떠오릅니다.

예수님은 하늘나라는 어느 사람이 자기 밭에 가져다 심어 놓은 겨자씨와 같다(마 13:31)고 말씀하셨습니다. 이 비유는 가장 작은 것이 크게 변한다는 희망의 메시지를 전하기 위한 것이 아닐 겁니다. 초본과에 속하는 겨자풀은 사실 나무처럼 크게 자랄 수 없습니다. 백향목과 비교하면 겨자풀은 정말 보잘것없어 보입니다. 그러나 예수님이 들려주시려는 이야기는 겨자풀 속에도 새들이 깃들어 쉴 수 있다는 것이 아닐까요?

이 모든 일이 가능할 수 있었던 것은 한국교회의 수많은 성도들과 교회의 헌신 덕분입니다. 은총의 숲은 개교회주의를 넘어서는 공교회성의 가시화라고도 말할 수 있겠습니다. 기독교환경운동연대는 교회들을 연결하여 하나의 몸을 이루는 일에 귀한 역할을 감당했습니다. 그리고 한 분의 이름을 빼놓을 수가 없습니다. 은총의 숲 기획 단계부터 오늘에 이르기까지 현지에서 헌신적으로 수고한 최재명(Lucas Choi) 교수입니다. 그는 나무를 심고 가꾸는 일을 비롯해 현지인들과 깊은 유대를 이루는 일에도 크게 기여했습니다. 참 고맙습니다. 하나님께서 은총의 숲을 이 땅을 살려달라는 절박한 기도로 들어주시면 좋겠습니다.

이사야는 "그 날이 오면, 이집트 땅 한가운데 주님을 섬기는 제단 하나가 세워지겠고, 이집트 국경지대에는 주님께 바치는 돌기둥 하나가 세워질 것"(사 19:19)이라고 예언했습니다. 은총의 숲은 사막화가 진행되고 있는 땅 한복판에 세워진 희망의 단초입니다. 그 희망의 원이 점점 커질 수 있기를 빕니다. 모든 것이 주님의 은혜입니다.

은총의 숲, 10년의 이야기

최재명(Lucas Choi)[1]
몽골국립농업대 바이오 연구센터 교수

#1 몽골 땅에 나무를 심기 시작하며

Q. 몽골 은총의 숲은 어떻게 시작하게 되었나요?

은총의 숲이 시작부터 하나의 계획을 세우고 추진된 건 아니고, 갑자기(?) 시작되었어요.

2007년 제가 한국에 있을 때, 몽골에 농업대학원 대학교를 만들려고 계획하고 있었어요. 그때 양재성 목사님을 뵐 기회가 있었는데, 제가 몽골대학교에서 근무하고 있다고 하니까 몽골에 한 번 오겠다고 하셨어요. 그리고 2008년 겨울, 영하 30도까지 떨어지는 혹독한 추위에 양재성 목

---

1 몽골국립농업대(MULS) 바이오 연구센터 교수, 2008년 은총의 숲 계획 초기 단계에서부터 2022년 현재까지 10여 년이 넘는 기간 동안 몽골 현지에서 은총의 숲 조성을 위한 현장 관리 및 운영을 전담하여 일하고 있다.

사님, 김기석 목사님, 류자형 목사님, 손웅석 목사님 네 분이 몽골에 오셨어요.

몽골에서는 겨울이 되면 난방을 위해서 집마다 석탄을 때기 때문에, 겨울 대기오염이 정말 심각합니다. 앞이 안 보일 정도로요. 목사님들이 그 모습을 보시고, 몽골 사막화도 심각해지고 있으니 몽골에 나무 심기를 해보면 어떻겠냐고 물어보시더군요. 그러고선 언제부터 하면 좋을까 이야기하다가 내년부터 하자고 해서 바로 시작하게 됐어요.

Q. 몽골은 기후변화가 다른 나라들보다도 심각한 상황이라고 들었습니다. 몽골의 기후위기와 사막화 상황은 어떤가요?

지구 전체 기온이 0.7도 상승하는 동안에 몽골은 1.92도가 상승했어요. 약 3배가 상승한 거지요. 이건 엄청난 재앙입니다.

몽골은 내륙 국가라는 지정학적인 특성이 있어서 한여름이 되면 온도가 40도까지 올라가요. 그리고 데워진 지표는 쉽게 안 식어요. 땅이 따뜻하단 말이죠. 몽골의 땅은 영구동토층인데, 지표 온도가 올라가면서 땅속에 있는 물이 녹아요. 녹은 물이 그 위로 분출되는데 분출되는 것보다 증발하는 속도가 더 빨라요. 그러니까 사막화가 계속 진행되는 겁니다. 강과 호수가 거의 2,300개 이상이 없어졌어요. 몽골 전 국토의 사막화가 진행되면서 사막화 지표 식물 두 가지, '하르간'과 '테르스'가 굉장히 많이 늘어났어요. 이 식물들은 뿌리를 깊이 내려서 땅속에 있는 물도 다 빨아 먹어요. 아르갈란트 은총의 숲에도 사막화 지표 식물들이 많이 자라요. 학생들하고 실습 가면 제일 말 안 듣는 애들을 붙잡아서 그걸 뽑으라고 시켜요. 네 명이 온종일 해도 하나를 다 못 뽑더라고요.

몽골에서는 기후재앙을 '차강 조드'(흰 재앙)라고 부르는데, 기후변화로 인해서 재난이 더욱 빈번해지고 있어요. 2002년도에는 갑자기 찾아온 한파로 인해서 가축 1,000만 마리가 죽었어요. 2009년도에는 600만 마리가 죽었고요. 그때 파리가 입으로 들어온다고 입을 열지 말라고 할 정도로, 가축 사체가 부패하면서 파리 떼가 들끓었어요. 식사할 때가 되면 파리가 몰려와서 음식이 안 보일 정도로 새카매요. 하늘도 새카맣고요. 이곳이 지옥이구나 싶었습니다.

Q. 몽골에 처음 나무를 심기 시작한 곳은 어디인가요?

2009년, 바트슘베르 솜에서 먼저 시작했습니다. 바트슘베르는 사람이 왔다 갔다 하기가 굉장히 힘든 곳이에요. 몽골의 도로는 한국과 같지 않아요. 전부 다 비포장도로여서 비가 오면 차량 이동이 안 돼요. 그래서 생태기행에 오신 분들이 많이 고생했어요. 처음에 나무를 심었던 바트슘베르에서 울란바토르까지 거리는 그렇게 멀지 않아요. 그런데 길이 워낙 험하다 보니까 두 시간 반에서 세 시간 걸려요. 몇 년 전에 생태기행 온 팀과 바트슘베르 솜에서 아침에 출발했어요. 그럼 세 시간이면 울란바토르에 도착해야 하잖아요? 그런데 저녁에 도착했어요. 가는 중에 비가 조금 내렸는데, 차가 빠졌거든요. 그때 김반석 간사님이 같이 오셨었는데, 같이 삽을 들고 하루 종일 길을 팠어요. 그래도 차가 안 움직여서 포기한 상태였어요. 그런데 유목민 두 분이 말 타고 지나가면서 보시더니 저쪽에 가면 트랙터가 있다는 거예요. 그분과 같이 트랙터 있는 곳으로 갔어요. 큰 트랙터일 줄 알았는데, 작은 거였어요. 일단 트랙터로 차를 빼주면 사례를 하겠다고 했는데, 못 뺐어요. 트랙터도 같이 빠져버렸고요.

그래서 다 포기한 상태였는데 승용차 한 대가 오더라고요. 그 사람한테 물어보니까 한 2km 정도 가면 한국 트랙터 100마력짜리가 있대요. 거기에 가서 그 사람을 데리고 와서 차를 뺐죠. 그리고 울란바토르에 도착하니까 저녁 6시가 넘었어요. 그때 같이 계셨던 분들이 고생하면서 차를 밀고 흙투성이로 걸어갔던 일을 많이 이야기하시더라고요. 그래서 장소를 옮겨야겠다는 생각을 하게 되었어요.

마침, 울란바토르에서 몽골의 옛 수도 하르호름 가는 길목에 땅이 나왔어요. 그래서 그때 생태기행 오신 분들과 함께 가서 이 땅에 숲을 가꿀 수 있기를 기도했어요. 기도하고 난 다음 1월에 그 땅을 정부로부터 받았어요.

Q. 시작하시면서 어려움은 없었나요?

은총의 숲이 10년 지났잖아요. 바트슘베르가 워낙 위치가 안 좋아서 힘드니까 옮겼어요. 그때 생태기행 오신 분들이 빙 둘러앉아서 기도하고 그 땅(아르갈란트 솜)을 받았잖아요. 받고 난 다음에도 이제 여기서 뭐가 되려나 그런 생각을 했죠. 그리고 토양의 시료를 채취했어요. 분석을 해 보니까 영양분이 하나도 없는 거예요. 과연 이 땅에 나무를 심어서 생존 시킬 수 있을까 반신반의했어요. 진행해야 하나 말아야 하나 고민이 많 았죠. 그때 한 3개월 고민했어요. 잠도 안 오더라고요. 기환연에서는 귀 한 모금을 받아서 보내주는 거잖아요. 그 나무가 제대로 살아가는 모습 을 보여줘야 하잖아요. 거기에 대한 고민이 많이 생기더라고요. 다른 곳 에 가서도 땅을 다 파봤어요. 파보니까 안에 석분지층(지표면의 퇴적물이 토양 속에서 분해되지 않고 스펀지 모양으로, 여러 층으로 구성된 퇴적물 지층)이 형 성되어 있더라고요. 나무가 안 자라는 이유가 다 있다는 생각이 들었어 요. 그리고 한국에 문의했어요. 이런 상태인데 어떻게 하면 좋겠냐고 물 어봤는데 학자들이 말을 못하더라고요. 직접 보지 못했으니까요. 제가 아홉 곳에 질의했는데 답변을 못 받았어요. 그런데 오랫동안 농사지으신 분들께 질의를 했더니 바로 답변을 받았습니다. 먼저 풀을 심어서 땅에 영양을 줘야 한다는 거였어요.

#2 나무가 자라 숲이 되기까지

Q. 은총의 숲에 어떤 나무들이 자라고 있나요?

은총의 숲이 자리 잡은 아르갈란트 솜에는 옛날부터 자라던 나무들이 있어요. 그걸 연구해서 여기서 잘 자랄 수 있는 나무를 심어줘야 해요. 아르갈란트에 있는 나무들을 연구해서 묘목으로 만들어서 심어야 하는 거죠. 사막에서 자라는 나무를 가져와서 심으면 안 자라요. 북쪽의 울창한 숲에 있는 나무들을 가지고 와서 심어도 안 자라요.

그래서 아르갈란트에 잘 자라는 나무들을 자문받았어요. 옛날부터 아르갈란트 지역에 내려왔던 나무들 수종이 약 20가지에요. 그중에서 성장 속도도 있고, 잘 자랄 수 있는 나무를 저희가 선택을 했어요. 한 12종 정도 돼요. 제일 많이 심겨 있는 나무는 '비술나무'인데 사막화 방지에서 생존율이 가장 높아요. 제가 몽골에서 애정을 가지고 관심 있던 나무가 바로 비술나무에요. 크면 모양이 이쁘진 않은데 큰 나무도 겨울철 지나고 새잎이 나오잖아요. 그 새잎 색깔이 정말 예뻐요.

Q. 은총의 숲에 다녀오신 분들이 나무가 작아서 실망하셨다는 이야기를 하세요. 그 이유가 있을까요?

저희는 묘목을 외부에서 사다가 나무를 심은 게 아니고, 씨앗부터 뿌렸습니다. 지역마다 환경이 다 다르잖아요? 묘목을 장거리에서 가져오면 안 돼요. 나무 심는 장소에서 직접 묘목을 만들어서 심어야 해요. 나무를 가지고 이동하면서 발생하는 악력이 나무에 전해지고, 옮겨 심었을 때 뿌리를 내리지 못합니다. 다 고사가 되는 거죠.

보통 몽골에서 나무 심기를 하는 단체들이 다양한 수종을 안 심어요. 보편적으로 가장 많이 심는 게 포플러 그다음이 비술나무인데, 포플러를 심는 게 일반적인 관례에요. 왜냐면 빨리 자라고 눈에 확 보이거든요.

성과가 제일 빨리 보이니까. 하지만 포플러는 물을 많이 먹어요. 물을 많이 안 먹는 나무를 심어줘야 숲이 우거질 수 있어요. 물을 너무 많이 주면 환경이 역효과가 나요.

산에 있는 나무를 보면 한 종류만 있는 게 아니잖아요. 자연은 다양한 나무들이 섞여 있어요. 나무도 마찬가지예요. 나무도 한 종류만 심어주면 자생력이 떨어져요. 여러 나무를 섞어주면, 나무들끼리 서로 경쟁을 해요. 그러면 나무들의 성장 속도는 더디지만, 더 잘 자라요.

Q. 나무 가꾸기가 쉽지 않을 텐데, 어떤 어려움이 있나요?

해외의 많은 NGO 단체들이 몽골에 와서 나무를 심었어요. 그런데 거의 90% 이상이 실패했어요. 몽골의 기후와 환경을 정확히 알지 못한 상태에서 나무를 심었기 때문이에요. 몽골에서 숲을 가꾸려면 몽골의 기후 환경과 토양에 대해 알고 시작해야 해요. 몽골의 토양은 한국하고 100% 달라요. 몽골의 토양 속에는 수분이나 영양분이 거의 없어요. 반건조 사막 기후라서요. 그래서 나무가 살아갈 수 있는 땅을 만들어 주고 난 다음에 나무를 심어야 해요. 그리고 몽골의 토양은 영구동토층이에요. 땅속이 얼어 있어요. 잡초들이 해가 지나면 땅속에 들어가 섞여서 퇴비가 되어야 하는데 퇴비가 안 돼요. 그런 곳에 나무를 심으면 뿌리를 못 내리고 다 죽어버리죠.

Q. 그러면, 그런 척박한 환경에서 나무를 키워내기 위해서 무엇이 필요한가요?

보통 나무를 심으면, 묘목 같은 경우는 거의 2년생을 심어요. 2년생이면 아직도 어린 상태죠. 하우스는 따뜻하고 환경이 최적화된 장소에요. 그러다가 최악의 조건인 야외로 나오는 거잖아요. 이때 통계적으로 나무의 생존율이 50% 밑으로 다 떨어져요. 몽골 평균으로 봤을 때 나무의 생존율이 50%가 안 되는데, 은총의 숲은 90% 이상이에요. 몽골에서도 최고죠.

나무가 살아갈 수 있는 자립심을 미리 길러줘야 해요. 사람도 마찬가지잖아요. 처음에 아이가 엄마 뱃속에서 10개월 동안 있다가 태어나잖아요. 그러면 아이에게 모유도 주고 이유식도 주고 조금 더 크면 유치원도 가고, 그다음에 초·중·고를 거쳐서 사회까지 가죠. 그때까지 보호해주는 것처럼 나무도 마찬가지예요.

저희는 나무를 심고 난 다음에 물을 그렇게 많이 안 줘요. 몽골은 비가 적게 오고 땅이 얼어 있는 최악의 조건이란 말이에요. 거기서 살아가기 위해서는 나무 스스로 살아갈 수 있는 생존력을 만들어서 바깥으로 가지고 나와야 해요. 묘목장에서 2년 기른 다음에 3년 차 되는 나무들은 묘목장의 비닐을 아예 걷어버려요.

나무 키우는 건 아이를 키우는 것과 똑같아요. 관심과 정성이에요. 그게 없으면 나무 못 키워요. 사람도 마찬가지잖아요. 100년 뒤를 바라보고 가잖아요. 나무도 마찬가지예요. 나무는 최소 30년, 50년이에요. 그래서 내가 내 손자한테 물려줄 수 있는 가장 좋은 게 나무를 심어서 물려주는 거예요. 사람에게 영혼이 있다고 하잖아요. 동물은 혼이 있다고 하고요. 식물에는 뭐가 있는지 아세요? 식물은 감온이 있어요. 식물이 햇빛 있는 쪽으로 뻗어가잖아요. 식물도 생명체라는 거예요. 함부로 꺾으면 안 된다는 말이죠. 식물은 햇빛을 따라가면서 줄기를 쭉 뻗어가요. 반대쪽으로 돌려놓아도 다시 햇빛을 향하잖아요. 그러니까 식물에게 생명력이 있다는 거예요. 혼이 있다는 거죠.

Q. 나무를 심는 동안 가장 기뻤던 순간은 언제인가요?

2019년도인가 가을에 울타리를 철제로 보수하고 난 다음에 은총의 숲을 한번 쫙 돌았어요. 야생화가 천국처럼 피어 있더라고요. 너무 아름다웠어요. 그리고 앉아 있는데 새가 날아오더니 막 지저귀더라고요. 그때 '이러려고 내가 나무를 심었구나!', '이제 기환연에서 오시는 분들하고 같이 손잡고 웃으면서 이 숲길을 걸어갈 수 있겠구나'라는 생각이 들더라고요. 야생화가 필 때는 엄청나게 예쁘게 펴요.

나무를 심으니까 숲이 형성되는 것 같아요. 새가 와서 알을 낳지, 토끼도 많이 와요. 거기다 톰슨가젤도 오고요. 2019년도에 나무가 엄청나게 자랐거든요. 그때 야생화들 피는 거 보고, 새도 오고 하니까 '내가

잘했구나'라는 생각이 들기도 하고, '내가 잘한 게 아니고 기환연에서 기도를 많이 해줘서 이렇게 됐구나' 생각이 들었어요. 한 사람이 아무리 하려고 해도 안 되는데, 모든 사람이 꿈을 가지잖아요? 그러면 그 꿈은 현실로 만들어져요. 칭기즈칸이 그랬잖아요. "한 사람의 꿈은 그냥 꿈이고 모든 사람의 꿈은 현실이 된다."

#3 숲과 사람, 함께 나아갈 길

Q. 교수님께서 은총의 숲 조성을 위해 중요한 역할을 해주셨습니다. 이 일을 감당하시는 신앙적인 이유가 있으신가요?

은총의 숲을 만들 때, 신앙적인 것은 특별히 기반을 안 됐어요. 처음 몽골에 갈 때도 영적인 말씀은 목사님들이 하시는 거고, 저는 건강한 먹거리를 통해서 건강한 몸을 만들어 주는 게 하나님 앞에 보답하는 거다. 이렇게 생각을 했고 거기에다 목적을 뒀어요. 그래서 은총의 숲을 통해서 산림을 복원하고 채소를 기르잖아요. 저는 산림과 농업을 통해서 사람들한테 건강한 것을 제공해주는 게 하나님 앞에서 내 역할이라고 생각했어요.

Q. 전 세계적으로 기후위기로 고향을 떠날 수밖에 없는 기후난민들이 늘어나고 있습니다. 몽골의 상황은 어떠한가요?

기후변화로 몽골 온도가 많이 올랐어요. 몽골 전 국토의 사막화 진행률이 46%에서 거의 90%까지 올라가 버렸고요. 초지도 거의 30% 이상이 손실됐어요. 식물의 다양성도 4분의 3이 사라져버렸고요. 몽골 사람들 대다수가 유목민들이잖아요. 지금도 전체 국민 중에 70% 이상은 농업에 기반을 두고, 그중에서도 60% 이상은 목축업에 종사하고 있어요. 예전에는 유목민들이 자기 집에서 한 시간 거리면 방목할 수 있었어요. 그런데 지금은 하루 반나절을 가야 겨우 풀을 먹일까 말까 할 정도가 됐어요. 가는 데 반나절, 오는 데 반나절 하면 하루가 걸려버려요.

그러다 보니 시골에서 유목을 포기하고 도시로 인구가 유입되는 거죠. 그런데 그 사람들이 일자리가 없잖아요. 이런 사람들 수가 늘어나다 보니까 범죄율이 높아지죠.

Q. 숲을 가꾸며 몽골 지역사회와는 어떻게 관계를 맺어오고 있나요?

저희는 아르갈란트 솜에 숲 조성을 시작하면서 NGO 단체를 만들었어요. 이 NGO를 통해서 주민들과 지역 당국과 협력을 해나갑니다. 지역 주민들과 상생을 안 하면 숲 만들기에 성공할 수가 없어요. 그래서 나무 심기나 묘목장을 만들 때 주민들에게 일자리를 줍니다. 또 지역 주민들에게 가축 기르는 법이라든지 채소 생산 기술들을 가르쳐 주고요. 아르갈란트 솜에서 가축이 병에 걸리면 전화가 와요. 그러면 학교 수업 마치고 바로 가서 무슨 병인지 알려주죠. 이렇게 하면서 유대관계를 맺어야지 숲이 성공할 수 있어요.

Q. 은총의 숲에 대해 몽골 분들은 어떻게 생각하나요?

지역 주민들은 은총의 숲이 영리사업을 하지 않고 몽골을 위해서 나무를 심어준다는 데 대한 고마움이 매우 커요.

기독교환경운동연대를 통해서 많은 분이 후원을 해주셨잖아요. 보내주신 후원금이 몽골의 기후변화에 의한 사막화 방지에 많은 도움이 됐어요. 지역 주민들과 몽골 정부도 우리가 나무 심는 노력에 대해서 많이 알고 있어요. 우리가 나무를 심으면서 몽골 정부에서는 일억 그루 나무 심기 운동도 시작했어요. 그래서 한국하고 몽골의 가교 역할을 해주는 데 있어서 기환연의 힘이 컸지요. 저는 거기서 일하는 것뿐이고요.

Q. 올해 완공되는 은총의 숲 생태교육센터가 앞으로 기후위기로 고향을 잃은 몽골 사람들에게 어떤 도움이 될 수 있을까요? 기후위기 시대에 은총의 숲이 품는 앞으로의 비전이 있다면 소개 부탁드립니다.

생태교육센터를 통해서 고향을 떠나온 사람들이 고향으로 돌아갈 수 있도록 도와야죠. 몽골에서 그 역할을 할 곳이 없어요. 그리고 은총의 숲을 더욱 푸르게 만들기 위해서 계속 나무를 심어나갈 거예요. 또 앞으

로 은총의 숲의 전기는 석탄발전소에서 나오는 전기는 전부 끊고, 태양광 발전과 같은 재생에너지로 전환하려고 계획하고 있습니다.

은총의 숲이 실업자들, 고향을 떠나온 사람들, 그 사람들을 재교육시 켜서 고향으로 돌려보내서 고향을 지킬 수 있도록 만들어줘야 해요. 축산 이나 채소, 곡물을 길러서 그 사람들이 키울 수 있도록 제대로 가르쳐주고 또 사후 관리도 해줘야 하지요. 끊임없이 지역민들과 관계를 맺어가면서 어떻게 하고 있는지 확인하고, 부족한 부분은 가르쳐줘야 해요.

그러면서 몽골 사람들이 몽골 전역을 녹화할 수 있게끔 해야 해요. 몽골 지역민들과 같이 묘목을 생산하고, 나무를 심고, 곳곳에 숲을 만들 수 있어야죠. 이를 위해서 생태 교육을 강화하려고 하는 것이고, 생태교 육센터를 만든 목적이 바로 이것이에요. 기후난민들을 교육해서 고향으 로 돌려보내고 몽골 지역에 숲이 만들어지는 것, 앞으로 생태교육센터를 통해서 할 일이지요.

광야와 메마른 땅이 기뻐하며,
은총의 숲과 기후정의

임준형

기독교환경운동연대 사무국장

푸른 벌판이 펼쳐져 있었다. 지평선 끝까지 초원이 이어지고, 하얀색의 게르가 곳곳에 보였다. 도로 한가운데로 양과 염소 무리가 지나고, 차는 멈춰서 양 떼가 지나는 것을 하염없이 기다리고 있었다. 초원에 말을 탄 소년이 달리고, 오토바이도 달렸다. 외국인인 나에겐 이색적인 풍경이지만 그들에겐 양 떼를 몰아 집으로 돌아가는 일상이었다. 간혹 보이는 산엔 나무가 듬성듬성 자라고 있었고, 도로 곁으로 강이 흐르는 광경을 볼 수도 있었다. 하지만 도시의 풍경은 달랐다. 회색빛 건물이 빼곡하게 들어차 있고, 1년이 지나도 여전히 공사가 끝나지 않아 콘크리트 골조가 그대로인 건물도 보였다. 몽골 수도인 울란바토르의 풍경이었다. 석탄화력발전소가 연기를 내며 가동되고 있었고, 근처를 지날 때면 석탄 연기 특유의 매캐한 냄새가 났다. 도시 곳곳을 연결하는 온수관이 도로 곁으로 어지럽게 지나가고 있었고, 도로는 자주 교통체증에 시달렸다. 그리고 도시 외곽을 띠처럼 둘러싸고 있는 판자촌이 있었다. 사막화의 여파라고 했다. 유목하며 양 떼를 키우던 유목민들이 사막으로 변해버린 삶의 터전으로 인해 유목을 지속하지 못하고 난민이 되어버린 광경이었다.

기후가 변했고, 호수와 강이 말랐다. 소와 말, 양 떼가 먹을 풀들이 자라던 땅이 이제는 고운 모래로 변하고 말았다. 흙이 수분과 영양을 잃고 모래로 변하였기 때문에 입자가 너무 가늘어 건설 현장의 자재로도 쓰일 수 없는, 그런 모래 말이다. 산의 나무들도 기후가 변하니 병충해에 시달려 죽어가는 경우가 많았다. 사막화의 전조 증상이라던 지반침하가 곳곳에 일어나고 있었다. 그리고 사막화 지표 식물들이 곳곳에 듬성듬성 자라고 있었다. 생태계 시스템이 무너졌다. 생태계가 순환하던 방식이 망가진 것이다. 지구가 1.1℃가량 기온이 상승하는 동안 몽골은 2℃ 이상 상승했고, 이는 몽골의 생태계에 심각한 타격을 주었다. 사막화의 이유를 여러 가지로 설명할 수 있겠으나 가장 중요한 이유는 사실 기후의 변화였다. 기온이 오르고, 그로 인해 일어난 변화는 지역의 모든 살아있는 존재들에게 깊은 영향을 끼쳤다.

한때는 유목민들의 삶을 동경했던 적도 있다. 대학 시절 질 들뢰즈와 펠릭스 가타리의 책 『천개의 고원』을 읽고서 말이다. 그들이 이야기한 유목주의는 기존 정주민들이 만들어놓은 견고하고 강력한 삶의 구조와 체제를 가로지르고 횡단하면서 기존 질서들을 부수고 넘어서는 새로운 창조의 힘을 말한다. 실제 유목민의 삶과는 상관이 없는 것이긴 하지만 남의 떡이 커 보인다고 정주하여 얽매이고 월급에 목숨줄을 붙이고 사는 삶보다 자유롭고 얽매이지 않는 삶에 대한 동경이 유목이라는 것에 환상을 부추기곤 했다. 하지만 실제 몽골에서 마주한 그들의 삶은 그런 낭만과는 거리가 있었다.

사실 몽골에 사는 이들이 오랫동안 유목이라는 삶의 시스템을 선택한 것은 그것이 더 좋고 나은 삶이라 그런 것이 아니었다. 6월 중순부터 8월 중순까지를 제외하곤 한 밤의 기온이 영하로 떨어지고 눈발이 날릴 정도로 혹독한 기후인 데다 길고 긴 겨울은 영하 3, 40도를 밑도는 곳이기에 작물을 키워 삶을 유지할 만큼 생산성이 나오지도 않았다. 그렇기에 양 떼와 함께 떠도는 삶 외에는 크게 선택지가 없었다. 유목민들은 100마리의 양 떼가 갑자기 120마리로 늘어나도 결국은 여러 이유로 다시 100마리로 회귀하기 마련이다. 갑작스런 벼락부자도 불가능하지만, 유목의 삶을 포기하지 않는 것은 혹독하고 어려운 환경 속에서 생존에 최적화된 방식이기 때문이었다. 하지만 이 삶에도 위기가 찾아왔다. 바로 기후위기였다. 기후위기는 수많은 이들을 도시 난민으로 만들었다. '난민'이라고 하면 보통 살던 곳에서 떠나는 이들을 일컬었지만 여기서는 반대다. 머무르지 않고 떠돌아다니며 살던 이들이 도시 곁 빈민촌에 정착하고 말았다. 이는 그들의 삶이 얼마나 위기에 처한 것인지를 보여준다.

한때는 산림청이나 기업, 지자체까지 앞다투어 몽골에 나무를 심었다. 처음엔 다들 봄만 되면 한반도로 날아드는 황사에 주목했고, 그 피해를 줄이기 위한 노력을 나무를 심는 방식으로 시작했었다. 은총의 숲도 처음엔 그런 생각을 했었다. 하지만 몽골이라는 현장의 경험은 숲의 의미를 바꾸어갔다. 강과 하천이 메마르고, 사막으로 변해가는 땅이 몽골 곳곳을 황폐화시키고 있었고, 이것이 결국 몽골이라는 나라와 주민들의 삶을 망가뜨린다는 사실을 알게 되었기 때문이다.

단순히 몽골에 국한된 이야기가 아니다. 유엔환경계획이 내놓는 보고 서를 비롯해 수많은 자료는 이미 우리의 삶이 임계점을 넘어 치명적인 상황으로 향하고 있다고 말한다. 사실 몽골은 그 징후가 가장 뚜렷하게 나타나는 곳 중에 하나다. 요즘 흔히 이야기하는 생태 비탄 혹은 생태 슬픔이 가장 강렬하게 나타나는 곳이기도 하다. 양 떼를 기르고 풀을 먹이기 위해 옮겨 다니던 유목민들에게 곳곳이 사막으로 변해가는 광경 은 아마도 생태 비탄을 겪는 모든 이들이 그렇듯 존재의 기반을 잃어버린 느낌이었을 것이다. IPCC 6차 보고서는 기후위기가 사람들의 정신건강 에 미칠 영향이 심각하다는 내용을 담고 있다. 이는 삶의 터전이 무너지 고, 내 삶의 방식이 더 이상 유효하지 않다는 것을 직면하게 만들기 때문 일 것이다. 그리고 지구가 공동의 운명을 향해가고 있기에 이는 그저 머나먼 타국에 사는 유목민들의 고통에서 그치지 않는다. 가장 연약한 곳부터 무너져 내려 결국 모두의 삶이 위기에 놓이게 된다는 것이고, 가장 취약한 고리였던 몽골은 일찌감치 그 위기에 내몰린 것이다.

여러 사람들이 곧 닥칠 일에 대한 두려움을 이야기하고, 절망스럽다 고 말하고 있다. 하지만 이성복 시인은 그의 책 『네 고통은 나뭇잎 하나 푸르게 하지 못한다』에서 절망에 대해 이렇게 말한다. "근본적으로 절망 은 허위다. 살아있으면서, 살아있음을 부정하는 것", 시인의 지적처럼 살 아있으면서 절망이라는 말을 입에 담는 것은 허위다. 정말 절망했다면 삶을 포기했을 것이기 때문이다. 살아있고, 살기 위해 작은 몸짓을 하는 이에겐 좌절 너머를 기대하는 마음이 있다는 말이 된다. 이 작은 숲은 그런 의미에서 희망의 씨앗 하나 심는 일이 된다.

"광야와 메마른 땅이 기뻐하며, 사막이 백합화처럼 피어 즐거워할 것이다. 사막은 꽃이 무성하게 피어, 크게 기뻐하며, 즐겁게 소리칠 것이다"(사 35:1-2a). 이사야서는 해방과 구원의 소식을 이렇게 시작한다. 그뿐 아니다. 이사야 예언자는 광야에서 물이 솟고, 사막에 시냇물이 흐르며 뜨겁게 타오르던 땅은 연못이 되고, 메마른 땅은 물이 쏟아져 나오는 샘이 되는 광경을 함께 이야기한다. 사막과 광야에 꽃이 피고 물이 솟아나고, 시내가 흐르는 사건은 구원의 사건이 된다. 풀이 돋아나고 꽃이 피고, 샘이 솟고, 시내가 흐르며, 연못이 생겨난다는 말은 결국 여러 생명이 함께 살 수 있는 공간이 된다는 말이기 때문이다.

기독교환경운동연대가 은총의 숲에 나무를 심은 지 10년이 넘었다. 10년이 지나도 사람 허리밖에 오지 않는 나무들이 태반이지만 숲은 은총의 통로가 되었고, 구원의 소식이 되었다. 나무들 곁으로 이름 모를 야생화들이 피어났다. 새들이 와서 지저귀고, 벌레들이 찾아오기 시작했다. 가끔 노루와 같은 동물들이 찾아오기도 했다. 나무들은 저마다 소담스런 열매를 맺기 시작했다. 물론 아직은 작고 여린 숲이지만 시간이 지나면 이 숲이 물길을 내고, 주변으로 물을 흘려보내게 될 것이다. 그리고 모든 숲이 그렇듯 영양분과 미생물을 통해 주변을 함께 풍성하게 만드는 숲이 되어갈 것이다. 물론 이 모든 것이 어느 날 갑자기 뜬금없이 찾아오는 기적 같은 구원은 아니다. 땀방울을 흘리고, 눈물을 쏟아가며 헌신하는 이들을 통해 마침내 이루어지는 은총이었다. 그렇기에 더욱 소중하고 간절한 은총 말이다. 그리고 그 은총이 마침내 우리를 기후위기 시대에 구원의 소망으로 인도할 것이다. 더딘 것처럼 보여도 끝내 당신의 때에 당신의 역사를 이루어가시는 하나님을 믿는다면 말이다.

한국교회의 오래된 미래,
몽골 은총의 숲

이진형

기독교환경운동연대 사무총장

성서는 처음 창조세계의 모습을 동산(garden)으로 이야기하고 있다. 이 동산은 보기에 아름답고 먹기에 좋은 열매를 맺는 온갖 나무가 자라는 숲의 모습이었고, 이 숲의 나무들을 자라게 하신 이는 바로 하나님이셨다 (창 2:9). 사람은 이 동산을 돌보는 존재였으나, 하나님이 먹지 말라고 하신 나무의 열매를 따 먹는, 하나님의 뜻을 거역함으로써 심판을 받아 동산에서 내쫓기고 만다(창 2:23). 계속해서 성서는 사람들이 하나님의 동산을 돌보라 하신 하나님의 뜻을 거역했으며 창조의 동산으로 다시 돌아가지 못했음을 이야기한다. 어쩌면 우리가 지금도 숲을 찾는 이유는 하나님의 동산에서 숲과 더불어 살아가던 시간을 잊지 못하는 근원의 그리움이 우리의 영혼 어디인가에 아직도 남아있기 때문일지 모른다. 그리고 아직도 우리에게 남아있는 바로 그 그리움이 기후위기 시대에 마지막으로 남은 구원의 한 가닥 실마리가 될 것이다. 우리는 결국 숲으로 돌아갈 테니까.

한국교회 몽골 은총의 숲 조성 사업은 창조세계의 보전을 위해 몽골의 사막화를 방지하기 위한 숲 조성에 관심을 기울여온 기독교환경운동연대와 한국교회환경연구소가 2009년부터 진행해온 한국교회의 생태환경 선교 사업이다. 사업 초기에는 이미 몽골에서 숲 조성 사업을 진행하고 있던 푸른아시아와 울란바토르대학의 숲 조성지인 바양노르, 바트슘베르 지역의 숲 조성 사업을 지원하였다. 그러다가 2010년 현지 NGO 단체인 그린 실크로드(GREEN SILKROAD)를 통해 몽골 토브 아이막 아르갈란트 솜의 300,000㎡의 토지를 숲 조성을 목적으로 몽골 정부로부터 30년 간 임차하면서 몽골에서 한국교회가 중심이 된 숲 조성 사업이 본격적으로 시작되었다. 황량한 벌판과 같았던 땅에 울타리를 세우고, 우물을 파고, 관정을 파고, 전기 시설을 하고, 양묘장을 짓고, 묘목을 심고, 거름을 주고, 나무들을 돌보아온 10여 년의 시간이 지났다. 그 사이 일어난 여러 우여곡절 가운데서 몽골 은총의 숲 조성 사업이 중단될 수도 있는 위기도 있었지만, 은총의 숲의 나무들은 땅과 함께 숲을 만드는 일을 멈추지 않았다. 황무지였던 땅이 어린 나무들과 풀들이 점점 무성해지는 초록의 땅으로 변하고 있고, 새들과 동물들이 모여들어 풍성한 생명의 은총으로 가득한 태초의 숲이 만들어지고 있다. 이제 한국교회 몽골 은총의 숲은 외형적으로도 확연한 숲의 모습을 만들어가고 있을 뿐만 아니라, 내용적으로도 몽골 지역 사회에서 기후위기에 대응하는 생태환경 교육 공간으로 주목을 받고 있다. 한국교회 몽골 은총의 숲 조성 사업은 이제야 비로소 생태환경선교의 기반을 마련하고 본격적으로 사업을 추진할 수 있게 된 것이다.

지난 10여 년의 시간 동안 몽골 은총의 숲 사업은 크고 작은 어려움과 변화를 겪었다. 사업 초기 기반 시설 마련과 지속적으로 묘목을 심기 위한 기금의 모금이 어려워져 사업이 전면 재검토되는 위기에 처하기도 했으며, 몽골 현지 책임자의 건강이 악화되어 사업 진행에 심각한 위기가 닥치기도 했다. 실무 담당자가 자주 바뀌는 바람에 몽골 현지와의 소통의 어려움이 발생하기도 했고, 몽골에 10년마다 닥친다는 혹한의 피해로 해충이 창궐하여 생태기행이 도중에 중단될 뻔하기도 했다. 세계를 휩쓴 유행병으로 생태기행 자체가 여러 해 취소되기도 했다. 하지만 가장 큰 어려움은 국내 현안 대응 사업에 익숙한 기독교환경운동연대와 한국교회환경연구소가 몽골 은총의 숲 조성 사업과 같은 장기적인 해외 사업 추진의 경험이 거의 없었던 것에 있을 것이다. 수시로 발생하는 국내 환경 현안에 대응해야하는 기독교환경운동연대와 한국교회환경연구소가 국내 상황과 상이한 몽골 은총의 숲 사업에 대한 지속적인 현황 점검을 하기 힘든 구조적 한계가 있었던 것이다. 하지만 그 구조적인 어려움을 몽골 현지 책임자의 헌신과 몽골 은총의 숲 추진위원의 지속적인 지원, 기독교환경운동연대와 한국교회환경연구소의 사업 실무자들의 열심 그리고 그야말로 하늘의 은총으로 하나하나 넘어가면서 몽골 은총의 숲 사업은 지속되었다.

기독교환경운동연대와 한국교회환경연구소는 몽골 은총의 숲 추진위원회를 구성하여 몽골 은총의 숲 현지의 상황을 점검하고, 은총의 숲 전반의 계획을 점검해왔다. 몽골 은총의 숲 추진위원회에 보고된 그린실크로드의 '몽골 은총의 숲 조성 계획'은 2010부터 2016년까지는 초기 임농업 기반을 구축하는 단계로 시설과 부지, 안정적 재정 등의 사업 기반을 확보하고, 묘목 조림과 채소 재배를 진행하고, 2017년부터 2018년까지는 안정적 임농업 기반을 구축하는 단계로 현지 전문가를 양성하고, 현지 임농업 소득을 추진하며, 교육 시스템을 개발하며, 2019년부터 2021년까지는 몽골 임농축산업의 대안을 모색하는 단계로 황폐지를 복원하고, 임농축산업 체험과 교육의 장을 마련하며, 임농업의 수익을 확대하여, 2022년 이후에는 공동체 마을을 조성하는 단계로 조경을 고려한 숲 관리와 임농업과 관광으로 자립을 이어가는 단계별 계획을 설정하고 있다.

하지만 앞에서도 언급한 몽골 현지에 닥친 여러 변수들, 특히 몽골의 경제뿐만 아니라 전 세계를 경제위기 상황으로 가져갔던 코로나19 팬데믹 상황은 이와 같은 계획의 순차적 진행의 걸림돌로 작용했다. 몽골의 경제는 석탄과 같은 자원 수출과 관광 산업이 큰 비중을 차지하고 있었는데, 코로나19는 몽골의 가뜩이나 취약한 경제적 기반을 더욱 어렵게 만들어 몽골 은총의 숲의 자립 구조에도 부정적인 영향을 미쳤다. 몽골 은총의 숲에서 수확한 비타민, 커런트 등 판매가 가능한 열매들의 판로가 막혀버렸고, 각종 기자재와 난방 연료의 가격이 폭등하여 유지 관리비가 상승하였다. 이 코로나19로 인한 몽골의 경제위기 상황 가운데 계획했던 생태기행과 생태교육센터 건립은 여러 어려움 가운데 중단될 수밖에 없었고, 결국 몽골 은총의 숲의 자립 계획은 연기되었다.

그런데 코로나19는 몽골 은총의 숲에 있어 위기로만 작용한 것은 아니었다. 코로나19는 한국교회와 몽골 은총의 숲 지역 사회가 서로에게

한 걸음 더 다가서는 기회가 되기도 했다. 코로나19의 상황이 계속 심각해지던 시기 기독교환경운동연대와 한국교회환경연구소는 한국교회를 통해 의료 인프라가 부족한 몽골에 방역 마스크를 보내는 캠페인을 진행했다. 이 소식을 접한 마스크 제조업체 관계자가 컨테이너 1개 분량의 마스크를 몽골에 보낼 수 있도록 마스크와 비용을 후원하였다. 하지만 중국의 몽골 국경 봉쇄로 모든 화물의 유통 경로가 차단되어 어쩔 수 없이 기증받은 마스크는 국내외의 어려운 지역으로 보내고, 대신 마스크를 구입할 수 있는 비용을 몽골로 보내 은총의 숲 인근 학교와 지역 사회에서 마스크를 구입할 수 있게 되었다. 이로 인해 몽골 지역 정부에서는 몽골 은총의 숲에 대한 인식이 향상됨과 동시에 관련된 여러 행정에 있어 편의를 받을 수 있게 되었다.

그린실크로드의 몽골 은총의 숲 조성 계획에서 가장 중요한 부분은 몽골 은총의 숲에서의 임농축산, 교육센터를 활용한 현지인에 대한 임농업 교육 그리고 임농축산물의 가공과 관광 상품 개발을 통한 수익으로 더 이상 외부 지원이 필요 없는 경제적 자립이 가능한 공동체 마을을 세우겠다는 것이다. 정치 사회의 혼란과 기후변화의 급속한 진행으로 여전히 미래가 불투명한 몽골의 경제 상황에 비추어볼 때, 몽골 은총의 숲이 단순한 생태적 복원을 목표로 하는 조림지를 넘어 몽골 사람들의 지속가능한 삶을 위한 경제적 자립이 가능한 공동체 마을을 목표로 하고 있다는 것은 무척 중요한 일이다. 몽골 은총의 숲은 기독교환경운동연대와 한국교회환경연구소가 한국교회의 창조세계의 온전성을 회복하기 위한 생태환경 선교사업으로 출발하였지만, 결국 은총의 숲의 미래는 숲의 가치를 인식하고 숲과의 공존을 모색하며 숲을 보호하고 가꾸고자 하는 몽골 사람들의 의지에 달려 있기 때문이다. 그리고 그러한 의지를 더욱 확고히 하는 길은 몽골 은총의 숲이 경제적 자립이 가능한 공동체 마을이 되어 몽골 사람들의 삶에 중요한 의미가 있는 공간이 되는 것이다.

하지만 몽골 은총의 숲의 기반을 만들어온 지금까지의 시간들이 무척이나 험난했듯이, 몽골 은총의 숲에 공동체 마을을 만드는 길 역시 그리 간단한 일이 아니다. 또한 은총의 숲에 세워질 공동체 마을이 경제적 자립 마을이 되기 위해서는 단지 시장경제에 의존하는 임농축산물 생산과 관광 모델의 개발만으로는 몽골 은총의 숲이 지향하는 생태적 가치를 온전히 구현할 수도 없을 것이다. 몽골 은총의 숲의 상황에 맞는 기후변화의 직접적인 원인을 제공한 화석 연료 기반 에너지로부터 자유로운 에너지 자립과 현대 산업 문명의 한계를 넘어설 수 있는 생태적 가치를 우선하는 생명의 경제 모델이 몽골 은총의 숲에서 구현될 때 은총의 숲은 비로소 태초의 온전한 은총을 간직한 생명의 동산이 될 수 있을 것이다.

또한 몽골 은총의 숲이 가진 시대적, 역사적 의미를 생각할 때, 몽골 은총의 숲은 인도의 오로빌, 프랑스의 떼제, 영국의 핀드혼과 같은 생태적 영성을 기반으로 한 세계적인 생태공동체로의 미래를 계획해나가야 한다. 실크로드의 출발점이자 유럽과 아시아를 잇는 유라시아 대륙의 정점으로서, 아직까지 창조의 순간이 그대로 간직되어 있는 대자연이 살아 있는 생태적 공간으로서, 인류의 도시 문명이 만들어낸 기후변화의 피해가 가장 극명하게 드러난 초원 문명의 기후재난의 현장으로서, 인류와 지구의 과거와 현재와 미래를 생각하고 이야기 나누며 아주 오래된 미래를 꿈꾸는 지혜의 교실로서 그리고 국경과 민족을 넘어 사람들의 선한 의지로 만들어진 연대의 정신으로 만들어진 공동체로서, 몽골 은총의 숲은 더 세계적인, 영적인, 정신적인 공간으로 확장될 수 있어야 한다.

이를 위해서는 첫째로, 몽골 은총의 숲은 숲의 계획적인 관리와 적정 규모로의 확장을 준비해야 한다. 현재 몽골 은총의 숲은 1단계의 기반 조성이 거의 마무리되어 그동안 심고 관리했던 묘목들을 이식, 분식하는 관리의 단계에 접어들었다. 그동안 300,000㎡의 토지가 마냥 끝없이 넓어만 보였었는데, 이제 은총의 숲 울타리 밖의 더 많은 땅에도 숲을 조성하면 좋겠다는 아쉬움이 생긴다. IPCC를 비롯한 기후학자들은 숲 조성이 기후변화에 당장 영향을 주는 대응은 아니어도 숲 조성은 자연 기반의 탄소흡수원을 확대함으로써 지구 생태계의 생물다양성을 확대함과 동시에 탄소의 선순환을 가능케 하는, 여전히 의미 있는 방법이라고 이야기한다. 이제 몽골 현지에 적합한 수종 선별과 식목, 관리의 노하우가 어느 정도 축적되었고, 은총의 숲 안의 양묘장에서 계속해서 숲을 확장할 수 있는 묘목들이 생산되고 있는 상황에서 은총의 숲의 확장에 대해 논의가 필요한 시기이다. 은총의 숲의 확장이 반드시 아르갈란트 은총의 숲 면적의 확대만을 의미하는 것은 아니다. 생태교육센터에서 은총의 숲의 의미와 가치를 교육받은 몽골 현지인들이 은총의 숲을 모태로 한 작은 숲들을 몽골 전역에 조성할 수 있도록 묘목 보급을 하는 것도 은총의 숲을 확장하는 또 다른 길이 될 수 있을 것이다.

둘째로, 지속적으로 몽골 은총의 숲과 한국교회의 교류와 연대를 확대해 나가야 한다. 한국교회 안에서는 몽골 은총의 숲을 생태계 회복을 통한 기후위기 시대의 선교 모델로 알려나가는 것과 함께, 몽골 은총의 숲이 몽골 정부, 지역 사회와 시민 사회에도 알려져 몽골 은총의 숲을 기반으로 하는 한국과 몽골의 네트워크가 조직되어야 할 것이다. 현재 몽골 은총의 숲의 경제적 자립 계획에도 한국교회와의 지속적인 생태기행 활성화, 은총의 숲 생산 제품의 판매 등이 큰 비중을 차지하고 있다. 앞으로 몽골 은총의 숲에서 생산되는 허브, 약성 열매 등의 임농업 제품들과 이를 기반으로 생산될 비누, 차, 건강식품 등의 임가공 제품 등을 브랜드화해서 공급을 하게 될 때 한국교회가 좋은 수요처가 될 수 있을 것이다. 최근 몽골 정부가 국제 사회에서 기후재난으로 인한 생태계 회복을 위해 몽골 전역에 수억 그루의 나무를 심는 사업을 추진하는 등 몽골 정부가 생태계 회복에 대한 정책을 추진하는 것과 관련하여 몽골 은총의 숲이 몽골 정부와 교육적, 기술적 협력을 확대해나간다면 한국과 몽골의 네트워크는 빠른 시간에 확대될 수 있을 것이다. 다만 이를 위해서는 몽골 현지와 한국교회에 대한 충분한 이해를 가지고 이 일을 감당해나갈 생태환경 선교사 파송과 지속적인 교류와 협력을 위한 안정적인 기금 확보에 대한 고민이 뒤따라야 할 것이다.

셋째로, 그동안 진행되어온 생태기행의 숙고가 필요하다. 사실 그동안 몽골 생태기행은 일반적인 몽골 여행 프로그램과 아주 다르지 않은 모습이었다. 은총의 숲에 숙박 시설이 없는 관계로 짧은 기간 은총의 숲을 방문하고 나머지 시간은 숙박 시설이 잘 갖춰진 주변 관광지나 울란바토르 시내를 돌아보는 프로그램을 짤 수밖에 없었다. 이제 생태교육센터의 설립과 더불어 생태기행이 몽골 은총의 숲을 중심으로 한 몽골의 생태환경 체험과 지역 사회와의 교류에 집중되어야 할 것이다. 동시에 생태기행이 실제적인 내용에서 기후재난의 상황에 대한 인식을 바탕으로 한 생태적 체험이 될 수 있도록 많은 준비와 프로그램의 개발이 필요하다. 한국에서 몽골로 비행기를 이용하여 이동을 하게 되는 경우 1인당 약 1톤의 이산화탄소를 배출하게 된다. 이 배출량은 한 가정에서 연간 배출되는 이산화탄소의 절반에 해당하는 양이다. 은총의 숲 생태기행은 이러한 이산화탄소 배출에 대한 책임과 이를 상쇄하기 위한 노력을 지속적으로 수행하는 것과 아울러 겸손한 마음으로 몽골의 유목 문화의 전통을 통해 생태적 삶을 배우기 위한 훈련의 과정이 되어야 할 것이다. 이를 위해 기존 생태기행 참가자들의 생태기행에 대한 적극적인 피드백과 국내외의 생태기행, 공정여행 프로그램에 대한 연구와 밴치마킹이 뒤따라야 할 것이다.

기독교환경운동연대와 한국교회환경연구소는 앞으로도 계속해서 몽골 은총의 숲을 더욱 풍성하고 아름다운 숲으로 만들어 나갈 것이다. 부디 한국교회가 몽골 은총의 숲을 기후위기 시대의 한국교회의 대표적인 생태환경선교의 모델로 인식하게 되기를 바란다. 이미 한국교회의 역량은 지구촌 곳곳의 한국교회 선교지마다 은총의 숲을 조성하기에 부족함이 없을 것이다. 다만 그러한 일들이 선교적 확장의 기회로서가 아니라 지난날의 기후악당의 삶을 참회하는 지구적 생태정의의 회복의 차원에서, 지금 이 순간에도 기후재난으로 고통을 겪고 있는 몽골의 이웃들에게 희망의 길이 되기를 바라는 마음으로 이루어지기를 기도한다. 요한계시록 22장은 성서의 첫 장인 창세기 1장과 마찬가지로 생명수가 흐르는 강과 강변 양쪽에서 자라는 열두 종류의 생명나무가 열매를 맺는 동산의 모습으로 새롭게 창조된 세상을 이야기한다. 성서는 창조세계의 시련이 지난 뒤에 다시 온전한 모습으로 회복하여 다양한 생명이 평화롭게 살아가는 동산의 모습을 회복할 것이라고 이야기하는 것이다. 그러한 회복된 동산의 모습으로서 은총의 숲이 기후위기 시대 한국교회의 미래가 되기를 기도한다. 그동안 한국교회의 정성과 기도가 메마른 황사의 땅 몽골에 작은 숲을 일구어냈다. 이제 더 큰 희망의 꿈을 꾸어야 할 때다. 몽골 은총의 숲에 한국교회의 미래가 있다.

2
부

끝나지 않은 여행,
은총의 숲

짜르가르츠, 사랑스러운 나무들과의 만남

김지희/전농감리교회

안녕하세요. 저는 전농감리교회 몽골 은총의 숲 톡톡톡 단기 선교팀 팀장을 맡은 김지희입니다. 저의 몽골 이름은 짜르가르츠입니다. 행복이라는 뜻인데요, 바트슈베르 은총의 숲 현장에서 만난, 한국어 찬양을 참 잘하는 청년이 밝고 잘 웃는다고 지어준 이름입니다. 6박 7일이라는 짧은 시간 그리고 준비하는 동안 하나님께서 살아 계시다는 사실을 아주 깊게 알 수 있었으며 몽골 땅을 향해 강하게 보여주시는 하나님의 사랑 그리고 나와 우리를 위한 사랑을 말로는 다 전할 수 없습니다.

몽골. 대한민국에서는 도저히 볼 수 없고 상상도 안 되는, 한반도 7배나 큰 땅에 펼쳐진 끊임없는 초원, 난생처음 본 낙타, 초원 위에서 자유롭게 놀고 있던 사람보다 훨씬 많았던 양, 염소, 말 그리고 양치는 소년. 울란바토르 수도 일대에 끊임없이 펼쳐진 빈민가 판자촌, 유목민들이 양과 염소의 이동 경로에 따라 이동할 수 있게 만들어진 몽골인들의 집 게르, 차에서 뿜어대는 매연, 코안을 검게 만들어 버리는 먼지.

공항에서 나오는 순간부터 어느 한순간도 눈을 뗄 수 없을 정도로 우리와는 다른 세상, 다른 땅이었습니다. 예상은 했지만 우리나라와 너무 다르다고 생각했던 것은 정말로 몽골 땅에는 나무가 잘 보이지 않았다는 사실입니다. 나이테 같은 게 있을까 싶을 정도로 앙상하고 얇은 나무만 듬성듬성 보일 뿐이었습니다. 사실 단기 선교를 가겠다고 결정한 순간부터 비행기 타는 순간까지 몸과 마음은 약간 지쳐있었습니다. 일을 병행하면서 선교 팀장으로서 쉴 틈 없이 준비하고 달려나가야 했던 상황이었기 때문입니다. 그러다가 몽골에 오니 약간의 여유와 쉼을 가질 수 있어서 참으로 마음이 편했던 하루하루였습니다.

정해진 일정과 시간에 맞춰 운전해주시는 차로 이동하고 차려 주는 밥을 먹으니 서울에 있을 때와는 다르게 여유롭고 편안했습니다. 그래서인지 서울에 있는 그 모든 것들은 하나도 생각나지 않고 오로지 하나님께서 보여주는 대로 보고 가라는 대로 갈 수 있었습니다.

화요일, 수요일에는 은총의 숲 개소식 예배 및 나무 심는 일을 하였습니다. 처음 심겨 있는 나무들을 봤을 때는 생각 외로 작고 얇은 나무 크기에 약간 실망스러운 마음도 들었습니다. 우리나라에서 쉽게 볼 수 있는 굵은 나무들이 그곳에는 찾아보기 거의 힘들었기 때문입니다. 하지만 우리가 심었던 그 나무들을 심기 위해 노력하고 헌신했던 과정을 듣고 보고 배우니 한그루 한그루가 참으로 사랑스럽고 예뻐 보였습니다.

나무 한 그루를 심기 위해서는 먼저 바트슘베르에 있는 은총의 숲 비닐하우스에 씨앗을 뿌리고 새싹이 나면 옆으로 옮겨 심는다고 합니다. 1m 정도 자라면 비닐하우스 구멍을 뚫어서 차가운 바람과 뜨거운 태양 아래 적응할 수 있도록 훈련 시키고 다시 비닐하우스 밖으로 옮겨 심고요. 그다음에는 울란바토르로 묘목을 가져가서 심습니다. 이런 과정을 통해 은총의 숲 나무들이 자라고 있다고 생각하니 나무를 심을 때마다 사랑하는 마음으로 기도할 수밖에 없었습니다.

또한 은총의 숲 사역이 단순히 나무만 심는 일뿐만이 아니라 바트슘베르의 군수님과 협약을 체결하고 지역 주민들과 함께 도우며 오랜 목축생활로 인해 나무 심는 것에 대해서 소중함을 잘 모르는 몽골 주민들을 위해 대학생들을 끊임없이 교육해서 리더를 길러낸다는 게 너무나 자랑스러웠습니다. 하나님의 사랑을 스펀지처럼 스며들도록 잘 전달할 수 있는 선교라는 마음이 들어 정말 보람되고 기뻤습니다.

목요일은 참으로 험난하고 힘들었던 여정이었습니다. 바트슘베르 은총의 숲으로 3시간여 동안 차로 이동하던 중 사막화가 진행되어 가고

있는 곳에 들러서 직접 모래를 만져 보고 기도하고 돌아왔습니다. 흙의 영양분이 점점 메말라 모래가 되어버린 땅을 보니 너무나 속상하고 심각하다는 것을 느낄 수 있었습니다.

차 밖에 나가기만 해도 날아다니는 먼지와 모래 때문에 숨을 마음껏 쉬기가 힘들 정도였습니다. 또다시 차로 이동하던 중 내리던 비 때문에 사람 한 명도 보이지도 않고 주소도 알 수 없고 전화도 터지지 않는 오지 밀림에서 차가 진흙에 빠져서 모두 다 내려서 차를 밀고, 비를 맞으며 걸어서 이동해야 하는 상황이 벌어지기도 했습니다.

2번, 3번씩 차가 진흙에 빠질 수밖에 없는 상황에서 하나님이 만드신 자연 속에서 인간의 힘은 정말 약하다는 생각도 들고 하나님께 모든 것을 맡기고 순종해야 우리가 살 수 있음을 다시 한번 느끼게 되는 시간이었습니다. 또한 힘든 상황에서도 웃음을 잃지 않고 서로를 격려하고 손 붙잡고 나간 우리 은총의 숲 단기 선교팀이 너무나 자랑스러웠습니다.

그렇게 힘들게 바트슘베르에 도착했습니다. 은총의 숲을 조성하고 비닐하우스와 교회를 만들고 청년 20명이 나무를 깎고 줄을 묶어 십자가를 올렸으나 정부에서 내리라고 해서 십자가를 내릴 수밖에 없었다는 최재명 교수님의 얘기를 들었습니다. 그분들의 헌신과 섬김이 너무나 처절해서 마음이 아팠습니다.

하나님이 몽골 땅을 참 사랑하시는구나. 참 마음 아파하시겠다는 생각이 들었기에 물이 나오지 않아 강가에서 발을 씻고 우물물을 바가지에 받아서 조금씩 써야 하는 상황이었지만, 불평할 수 없었고 우리 대한민국이 물과 나무가 얼마나 풍성한 나라인지 다시 한번 감사하는 시간이었습니다. 몽골 대학생들과 밤늦게까지 한국어로 함께 찬양과 율동, 게임을 하면서 비록 사는 곳과 언어는 달라도 하나님 사랑하는 마음은 같기에 끈끈하게 하나 될 수 있는 시간이었던 것 같습니다.

아쉬움을 뒤로 하고 우리가 편히 살던 곳에 도착했습니다. 두려운 마음이 앞서기도 합니다. 어떻게 살아야 하나. 몽골에서 받은 그 사랑, 마음에 새기고 그렇게 살아야 할 텐데. 이곳에서 또다시 치열하게 살아야 하는 삶 중간중간에도 그 사랑 생각하며 기억하며 감사하며 살고 싶습니다. 몽골을 마음에 묻고 다시 한번 담대히 세상 속으로 나가려고 합니다.

숲의 아름다움과 생명을 추억하며

조미연

전농감리교회 전도사, 전 은총의 숲 실무자

기독교환경운동연대가 사막화 방지를 위해 '몽골 은총의 숲'을 조성한
지 10년이 되었다고 하니, 잠시 실무를 맡았던 이로서 감회가 큽니다.
제가 기독교환경운동연대에서 근무한 연도가 2017년~2018년이니 돌아
보면 '몽골 은총의 숲'의 분기점을 함께했던 것 같습니다. 근무하던 시절
에 사무총장님과 '몽골 은총의 숲' 10주년에 대해서 간혹 이야기하곤 했
지만, 사실 그 당시 제게 10주년은 아득하게 먼 미래의 이야기로만 느껴
졌습니다. 그런데 그 미래가 마침내 현실이 되었습니다! '10년이면 강산
도 변한다'는 말이 무색할 정도로 빠른 변화가 당연해진 요즘의 시대에,
여러 제약 속에서도 한 사업을 10년 동안 지속해왔다는 것의 의미를 무
겁게 생각해보지 않을 수 없습니다. 멀쩡한 휴대전화라도 2년에 한 번씩
바꾸는 것이 당연하고, 쉽게 옷을 사서 한 철 입고 버리는 패스트 패션의
시대에 10년이라니 말이지요. 긴 시간 동안 사막화 방지를 위한 몽골
은총의 숲에 여러 모양으로 동참하신 많은 분께 선하신 하나님의 은총이
함께하시기를 마음 모아 기도합니다.

몽골 은총의 숲을 떠올리면 그 무엇보다 몽골의 끝없는 들판과 하늘을 직접 마주했던 몽골 은총의 숲 생태기행이 가장 먼저 떠오릅니다. 2017년 8월에 떠났던 생태기행은 한규영 목사님께서 시무하시는 하남영락교회 청소년부 친구들과 함께했습니다. 그 당시 저는 입사한 지 3개월밖에 되지 않은 신입 간사로, 사업에 대한 이해도 부족하고 진행 능력도 아주 미흡했습니다. 많이 부족했지만 믿고 맡겨주신 사무총장님과 곁에서 많이 도와주신 사무국장님과 간사님 덕분에 값진 경험을 했고, 성장할 수 있었습니다. 특히 김기석 목사님을 대표로 한 추진위원회 분들께서 주신 응원이 큰 힘이 되었습니다.

많은 분의 도움으로 몽골 현지에서 진행한 생태기행의 여러 일정이 지금도 생생하게 기억납니다. 특히 사진 자료와 이야기로만 전해 듣던,

아르갈란트에 위치한 몽골 은총의 숲을 방문하여 실제로 나무를 보고 땅을 밟았을 때의 감격이 떠오릅니다. 사진에서는 낮은 덤불과 같은 모습의 나무만 봐왔었는데, 아르갈란트에서 만난 나무 중에는 제 키보다 큰 나무도 더러 있었습니다. 유난히 춥고 긴 겨울 추위를 이겨내고, 비도 잘 내리지 않는 건조하고 척박한 환경에서 저 나무가 사람의 키만큼 자라느라 얼마나 애썼을까, 나무가 저만큼 자라기까지 몽골 인부의 손길이 얼마나 많이 닿았을까, 한국에서 몽골 땅에 생겨날 숲을 기대하며 얼마나 많은 분이 기도하셨을까 하는 여러 생각들이 몰려왔습니다. 한국에서 준비해 간 팻말을 세우며, 그동안 많은 교회와 성도님들이 모아주신 기도와 후원의 손길이 창조세계를 지키고 보전하는 일에 아름답게 쓰이고 있다는 것을 실감하게 된 자리였습니다.

제가 방문했을 당시의 아르갈란트 몽골 은총의 숲에서는 한쪽에 하우스를 지어서 묘목을 키우고, 그 묘목이 어느 정도 자라고 봄이 되면 하우스 밖으로 옮겨 심고, 그렇게 심어진 나무들이 좀 더 성장하면 나무 사이의 거리를 넓혀 주는 업무를 주로 진행하고 있었습니다. 더불어 비타민나무에서 비타민 열매를 수확하고, 하우스에서 재배한 오이로 피클을 만들어 판매하여 약간의 수익을 내기도 했습니다. 아르갈란트 몽골 은총의 숲에 방문했을 때, 오이피클 한 통을 주셨는데 다음 날 아침부터 얼마나 맛있게 먹었는지 모릅니다.

몽골 은총의 숲 생태기행에서 먹거리 이야기를 빼놓을 수 없지요. 특히 허르헉이 생각납니다. 허르헉은 뜨겁게 달군 돌로 양고기를 오랜 시간 익힌 음식인데, 그 생김새는 양념이 거의 없는 우리나라의 갈비찜과 비슷합니다. 돌의 열로 천천히 익혀낸 양고기는 정말 부드러웠습니다. 처음 허르헉을 먹었을 때, 그 부드러운 식감에 놀라고 난생처음 맡아보는 진한 양고기의 향에 두 번 놀랐습니다. 사실 허르헉은 조리 시간도 길고, 손도 많이 가는 수고로운 음식인 만큼 집안에 귀한 손님이 찾아오셨을 때 대접하는 음식이라고 합니다. 그러니 그 정성을 생각한다면 못 먹을 이유가 전혀 없었습니다. 그렇게 한 조각, 두 조각 먹다 보니 어느새 몽골의 향신료와 양고기 특유의 냄새에 점차 익숙해져 있었습니다. 또 몽골의 튀김 만두라고 할 수 있는, 다진 양고기와 채소를 듬뿍 넣은 호쇼르가 생각이 납니다. 전통시장에 있는 식당에 들어가서 먹기도 했고, 언젠가는 게르에서 생활하는 유목민에게 값을 지불하여 눈앞에서 튀겨낸 호쇼르를 호호 불며 먹은 적도 있습니다. 성인 손바닥만 한 커다랗게 튀겨낸 호쇼르가 그리워 서울에 있는 몽골 식당에서 사 먹은 적도 있는데, 아무래도 그 맛을 제대로 느끼려면 몽골에 또 가야 할 것 같습니다. 몽골 음식의 맛을 알아버린 이후에는 못 먹는 향신료가 없어 못 먹는 음식이 없는 사람이 되었습니다. 그래서 이제는 집에서 고수를 재배하는 지경에 이르렀습니다.

　몽골을 통해 배운 것은 음식에 대한 이해뿐만이 아닙니다. 저는 2018년에 생태기행을 다녀온 후 그해 겨울과 이듬해 가을, 두 번 더 몽골을 여행했습니다. 영하 20도를 가뿐히 넘기는 몽골의 겨울 거리를 걷다 보면 콧속이 다 얼어 코털이 몇 개인지 셀 수 있을 것만 같았고, 집마다 자연 냉동고인 베란다에 양고기와 소고기를 걸어두고 지내는 모습이 생경하면서도 우리나라의 김장 문화가 떠오르곤 했습니다. 이듬해 가을에는 몽골의 최북단에 위치한 홉스골 호수에서 은행잎보다도 더 샛노란 침엽수 단풍에 안겨 보기도 했습니다.

그런데 몽골 자연의 아름다움에 눈이 뜨이는 만큼 한편으로 슬프고 화나고 답답한 감정이 치밀었습니다. 이토록 아름다운 몽골이 기후위기의 직격탄을 맞은 대표적인 국가였기 때문입니다. 대대로 유목 생활을 하던 많은 유목민들은 사막화로 인해 몽골의 초지가 사라져 유목 생활을 지속하기 어려웠습니다. 몽골은 사회주의에서 민주주의로 체제를 평화적으로 전환하는 데에는 성공했지만, 정치와 행정의 부패는 심각한 수준이었습니다. 결국 많은 유목민들에게 놓인 거의 유일한 선택지는 수도 울란바토르에서 가난한 삶을 이어가는 것이었습니다. 유목민들은 대대로 게르에서 생활하면서 최소한의 생필품으로 삶을 지속해오며 그 누구보다 적은 양의 탄소를 배출해왔을 테지만, 기후위기로 인해 가업을 빼앗기고 '기후난민'으로 몰린 것입니다. 본래 울란바토르는 구소련에 의해 설계된 군사도시로 50만 인구를 수용하는 크기의 도시입니다. 도시 지하에는 가스관과 온수관이 깔려 있고, 이 에너지를 생산하기 위해 도심 곳곳에는 석탄발전소가 우뚝 서 있었습니다. 그러나 현재 울란바토르에는 몽골 전체 인구의 절반에 달하는 150만 명 정도가 지내고 있습니다. 특히 도시 외곽에 게르를 지어 생활하는 가난한 이들은 중앙난방을 이용할 수 없기 때문에, 집마다 가공되지 않은 석탄이나 나무, 심지어 생활이 더 어려운 경우에는 쓰레기나 폐타이어를 태워 난방하며 지냅니다. 울란바토르 도심은 석탄발전소와 게르에서 나오는 오염물질과 도로에 가득한 자동차의 매연으로 인해 뿌옇습니다. 잠깐의 외출 후에 코를 풀면

하얀 화장지에 까만 먼지가 묻어나고, 머리카락과 옷에 매캐한 냄새가 깊게 뱁니다.

지금 생각해보면 2018년 몽골 은총의 숲 생태기행 팀과 이러한 이야기를 더 깊게 나누지 못한 것이 많이 아쉽습니다. 명색이 "생태"기행이었는데 실무자로서 준비가 덜 되어 '생태'적인 가치를 익히고 실천하는 데 많이 부족했다는 생각이 듭니다.

요즘도 일상의 파도가 덮쳐 오는 날에는, 끝없이 드넓으며 눈에 걸리는 고층빌딩 하나 없어 옆 마을에 드리운 먹구름에서 번개가 치고 비가 내리는 것이 보였던 몽골의 초원을 떠올리곤 합니다. 몽골 초원의 아름다움에서 마음의 평안을 얻습니다. 그리고 기도합니다. 기독교환경운동연대의 '몽골 은총의 숲'으로 기후위기 상황 속에서 몽골 초원이 아름다움과 많은 생명의 보금자리를 지킬 수 있도록, 또한 그 일을 위해 마음을 모으시는 분들이 지치기는커녕 하나님의 신비한 힘을 삶에서 체험하시기를 기도합니다.

숲에서 공동의 집을 돌아보며

최태랑/천주교 창조보전연대

처음 몽골 기행을 계획했을 때부터 비행기를 탈 때까지, 파란 하늘과 초원을 상상하며 평생 한 번은 꼭 가봐야 하는 곳이 아닐까 하는 기대로 가득했다. 오리엔테이션에서 몽골은 어떤 나라인지, 어떤 문화적 배경을 가졌는지 차근차근 알아가고, 이동이나 행동에 어떤 의미가 있는지 주의사항을 교육받으며 그 기대는 더 커졌다.

4시간의 비행 후 마침내 도착한 몽골의 울란바토르는 내 생각과는 많이 다른 곳이었다. 모든 나라의 수도가 그렇듯 도심화가 많이 진행되어 있었고 도심을 중심으로 다양한 상업 시설들이 빼곡히 있는 모습이 조금은 생경했다. 또 도심 주변으로는 도심에서 생활을 영위하기 위한 게르들이 빼곡히 있는 모습은 어느 도시들의 모습과 다르지 않았다.

대부분 몽골 사람들의 생활 모습은 유목이었으나 점점 산업화와 도시화가 진행되고 주변 초원에서 사막화가 심화되어 더 이상 유목이 어려워져 도시에 들어오기 시작했다고 한다. 그렇게 모여들기 시작하여 인구의 절반 이상이 수도인 울란바토르 주변에 게르를 짓고 살고 있으며 도심

노동을 하며 생활을 영위하고 있다. 이러한 모습이 우리와 크게 다르지 않아 같은 아픔을 겪고 있다는 안타까움으로 울란바토르를 나와 목적지인 '은총의 숲'으로 이동했다.

울퉁불퉁한 비포장 초원을 달려 도착한 은총의 숲을 마주친 첫 느낌은 어디가 숲인가 하며 조금은 당황했다. 흔히 숲이라고 했을 때 생각하는 키가 큰 울창한 나무와 그 아래 이끼와 작은 수목들이 빽빽한 숲을 기대할 것이다. 하지만 이곳 '은총의 숲'에 있는 나무들은 성인의 배 정도 되는 키에 빽빽한 숲이 아닌 듬성듬성 자라 아주 힘겹게 생명을 이어가고 있는 모습이었다. 하지만 자세한 설명과 함께 다시 본 은총의 숲에는 아주 놀라운 생명이 끊임없이 하루를 버티며 살아가고 있는 생명의 현장이었다.

10년 동안 몽골에서 은총의 숲을 가꾸신 최재명 교수님의 풍부한 지식과 숲을 가꾸기 위한 노력을 보고 들으며 참으로 귀한 일을 묵묵히 하시고 있다는 감사의 마음이 들었다.

최재명 교수님은 "몽골은 추운 곳이라 국토 대부분이 영구동토층 위에 있어 나무가 깊게 뿌리 내리지 못한다. 최근 사막화도 심각해져 비나 다른 기후 여건이 나빠지고 있으며 염소 털로 만든 캐시미어 상품들이 인기를 끌면서 염소 사육이 증가하고 나무뿌리까지 캐어 먹는 염소로 인해 사막의 풀은 더 없어지고 있어 점점 나빠지고 있다. 그래서 은총의 숲은 육묘를 하고 가꾸지 않으면 열악한 환경 속에서 나무들이 살아나지 못한다. 수해 동안의 시행착오를 통해 심은 나무들로 숲을 가꾸고 여기에서 나온 나무 열매로 수입까지 창출할 수 있도록 계속되고 있는 과정이다"라고 현재 몽골의 사막화의 심각성과 은총의 숲이 어떻게 가꿔지고 있고 앞으로 계획은 무엇인지 자세히 설명해주셨다.

처음 보았을 때 당황했지만 자세히 보고 알게 되니 생명에 대해 다시 보게 되었고, 그런 숲의 모습은 나를 더 돌아보게 했다. 단순히 사막화 방지가 아닌 생명을 만들고 새로운 삶의 모습을 만들어가는 과정들이 이렇게 다양한 방법으로 이루어지고 있음에 감사했다.

공동의 집 지구를 위한 행동이 필요한 요즘 다시 한번 몽골을 생각해보며 어떠한 집을 가꿔야 할지 생각해 본다.

아무도 가지 않은 길, 은총의 숲

김명하/청파교회

의구심

설명할 수 없이 길고 넓은 초원이었다. 드문드문 말, 소, 양들이 떼를 지어 풀을 뜯고 가끔 게르가 덩그러니 놓여 있었다. 울란바토르에서도 2시간은 달려 나온 초원의 한 끄트머리. 거기서도 비포장도로를 한참 달려 도착한 곳에 나무들이 있었다. 나무들의 키는 내 허리쯤, 혹은 내 가슴쯤 됐고 어떤 것들은 더 작기도 했으나 더 큰 나무는 없었다. 이만 그루란 숫자는 숫자만으론 클 수도 있었으나 광활한 초원에선 허탈할 수도 있는 숫자였다. 끝이 보이지 않는 초원에서 이만 그루 나무들은 왜소하고 볼품없었다.

의구심 1. 꼭 그 공간이어야 하는가? 주인도 없는 넓은 땅 초원에서 말과 소와 양들은 경계도 없이 풀을 뜯고 있었다. 어디든 짓는 공간이 게르,

그들의 집이었다. 7년이 지나도 겨우 허리춤밖에 오지 않는 나무. 그 공간은 나무의 공간이 아닐 수도 있었다. 아니라고 토양이 말하는 공간에 꼭 인간의 의지를 심어야 할까.

의구심 2. 푸른 아시아에서 심은 몽골의 비타민 나무는 5년이면 3m가 자란다고 하는데 7년의 노고가 온전히 은총의 숲에 전달됐을까?

입 안에 있던 의구심이 입 밖으로 나오는 순간 여러 사람의 의구심과 합쳐졌다. 의구심은 선한 의지조차도 의뭉스럽게 만들었다. 당신의 숲에 대한 7년의 세월은 내 눈에 보이지 않았으므로 1시간으로 만들어진 내 판단은 단호하고 쉬웠다.

겨우, 내 시선이 담아내는 풍광에서조차도

　김기석 목사님은 해가 지는 저녁에도 해가 뜨는 새벽의 푸른 여명에도 낯선 곳을 지극히 익숙하게 걸었다. 목사님을 따라 걷다가 해지는 몽골의 하얀 별들, 태양과 달과 별이 만들어 내는 하늘의 빛깔, 그 빛깔에 따라 만들어지는 산과 바위와 낙타와 개와 말과 소 그리고 사람, 사람의 목소리로 만들어지는 그림자를 침묵의 어둠 속에서 볼 수 있었다. 처음 보는 풍광, 처음 보는 빛깔, 처음 보는 결의 사랑.

　새벽 산책으로 목사님이 찾아낸 테를지 국립공원의 바위산에서 주말 예배를 드렸다. 바위산은 하늘과 닿아 있었지만, 땅으로부터는 그만큼 멀었다. 인간적인 너무나 인간적인 내게는 인간의 땅으로부터 수직으로 떨어진 그곳이 두려웠다. 두려움은 허깨비를 만들고 허깨비는 의심과 불안, 용기의 포기를 만들었다. 떼제 찬양은 단순한 가사의 반복이다. 떼제 찬양의 매력은 거기서부터 시작된다. 한 소절만 돌면 가사집으로부터 눈을 들어 세계를 바라볼 수 있다. 하늘, 구름, 아름다운 굴곡의 능선. 침묵은 결코 침묵일 수 없다. 침묵은 바람의 소리, 나뭇잎이 서로를 스치는 소리, 나무, 풀들, 바위틈 어딘가 활발하게 살아있는 생명이 목소리를 낸다. 그 침묵과 어울리는 고요한 찬양.

　'인간'을 사랑하신다고 생각했다. 그러나 신이 사랑하는 건 인간이 아니라 '존재와 세계'였다. 존재하는 모든 것들이 어울려 어느 하나도 소외되지 않고, 어느 하나도 다른 하나를 분노하지 않으며 생명을 나누고 있는 세계. 모든 것들은 그렇게 평평하게 들끓고 있었다.

판단과 행위 사이의 모순

테를지 국립공원과 후스타이 국립공원의 게르에 머무는 동안 아침저녁으로 씻었다. 그것은 의심할 수 없는 당연한 행동이었고, 그래서 가능하지 않은 상황은 불편이고 야만이었다.

게르를 관리하는 노인과 서너 살 된 그의 손자가 해 질 무렵 드넓은 형형색색의 하늘을 배경으로 바위산과 게르 앞의 의자에 앉아 평온한 시간을 보냈다. 노인에게는 많은 이야기가 새겨져 있고 아이는 늘 자꾸 보게 될 만큼 사랑스러우므로 그들 옆에 가만히 앉았다. 거침없이 초원을 말 달리던 유목민의 손은 터서 거칠고 손톱 밑은 까맣다. 그들의 손처럼 노인과 아이도 거칠고 까만때가 낀 손이었다. 초원에서 물은 귀하다.

흔하지 않은 물이 귀한 것은 그들의 긴 역사다. 내 손은 지나치게 깨끗하고 내 몸은 지나치게 자주 씻겼다. 게르에 묶는 이방인들이 당연하게 쓰는 철철 흐르는 물이 그들에게는 어떻게 느껴졌을까.

내 머릿속의 판단과 내 행동 사이에는 긴 모순이 있다. 모순을 인식하지 못한 가치판단의 선악은 분명하다. 판단은 남의 일에 대한 잣대라 쉽지만 내 행동은 내 것이라 보이지 않는다. 야만과 문명은 평평하다. 나와 당신은 평평하다. 도도하게 주인도 없이 제 갈 길 가던 낙타, 평화롭고 게으른 소와 말과 야크, 석양을 따라가던 개들과 나는 평평하다. 세계는 평평하다. 서로 구속하거나 실망하지 않을 평화와 우애. 몽골이 내게 보여준 그와 우리의 삶이었다.

이만 그루, 살아남은 나무

볼품없는 이만 그루란 말은 얼마나 오만한가. 이만 그루 나무들은 여름의 가뭄훈련과 겨울의 추위훈련을 2~3년씩 받고도 살아남은 존재들이다. 그들이 이룬 작은 군락. 토양과 바람이, 태양과 기후가 낯선 자신을 거부해도 살아냈다. 분노하지 않고 상처 주지 않고 천천히 긴 시간을 기다리며 살아내고 있다.

생태는 인간의 관점이 아니라, 살아남은 나무의 관점에서, 이질적인 존재라도 긴 시간을 통해 천천히 서로에게 익숙해지는 시간을 통해 그들을 이해하는 과정이 아닐까.

아직도 가야 할 길

몸을 움직일 수 없는 좁은 공간에서 음식으로만 길러지는 여러 생명, 정직한 노동이 아니라 각종 화학비료로 생산되는 농산물, 쓰레기로 가득 찬 죽은 고래의 배, 터전을 잃어 죽어가는 북극곰, 폭염에 속절없이 죽어 가는 연약한 생명들, 추위와 더위와 배고픔과 무엇보다 무관심과 외로움 에 죽어가는 사람들.

이진형 사무총장님은 몽골 은총의 숲을 '아무도 가지 않은 길'이라 표현했다. 몽골 은총의 숲은 눈에 보이지 않는 먼 곳의 일이다. 왜 우리 가 이곳에서 저곳의 일을 도모해야 하는가. 우리는 저곳의 일에서 이곳 의 어떤 일을 연결해야 하는가. 그 고민과 연대 그리고 실천이 아무도 가지 않은 길, 몽골 은총의 숲을 가는 이유가 아닐까. 이만 그루 나무와 함께 우리가 "아직도 가야 할 길" 그래서 "끝나지 않은 여행", "그리고 저 너머"를 기약하는 길이겠다.

　　몽골: 당연하지 않아, 익숙하지 않아 잃어버린 것들을 사유할 수 있도록 하
　　　는 공간.
　　은총의숲: 의구심으로 하는 시작이든, 모델로서의 시작이든, 우리가, 기독
　　　교가, 종교가 그리고 다시 내가 무언가를 시작할 수 있도록 하는 공간.

나무를 스승 삼지 못하는?

소종영 목사/가장제일교회

소가 나무에?

이십여 년 전 이야기를 해보자. 딸이 초등학교 1학년에 입학을 했고, 며칠 후 의기양양하게 집으로 들어오더니, 나무 이름 대기를 하자고 제안을 한다. 그날 학교에서 수업 시간에 있었던 연장전을 집에서도 하고픈 것이었다. 그래, 그럼 해보자. 녀석이 먼저 사과나무, 한다. 그렇게 시작된 나무 이름 대기는 배나무, 감나무, 대추나무, 포도나무 등 온갖 과일나무들의 이름을 주거니 받거니 하다가 나의 소나무에서 녀석은 막히고 말았다. 순간, 얼어붙는가 싶더니 한참을 머뭇거린다. 처음에는 나무 이름이 생각나지 않는가보다 싶었다. 그런데 그것이 아니었다. 녀석의 입에서는 이런 말이 튀어나왔다. '소(牛)가 어떻게 나무에 달려 있어요?' 그날 나는 너무 놀랐다. 아무리 도시에 살고 있다고는 하지만, 소나무는 천지사방에 널려 있는 나무가 아니던가. 그런데 어찌 소나무를 모를 수가 있지? 당장 아이의 손을 이끌고 밖으로 나갔다. 그리고는 아파트 단지에 심어 있는 소나무를 가리키며 알려주었던 기억이 있다.

나무 없는 나라의 아이들 걱정

몽골 은총의 숲은 기독교환경운동연대의 걸음에 예장 녹색교회협의회 회원들이 참여하게 되면서 나도 따라가게 되었는데, 2019년 6월의 일이었다. 몽골 은총의 숲 여행은 가히 충격적이었다. 아무리 없다 없다 하지만 그렇게도 나무가 없을 수가 있단 말인가. 두세 시간을 승합차에 몸을 싣고 달려가는 데도 저 멀리 보이는 언덕이란 언덕에는 메마른 풀들과 그 가난한 풀들을 먹이 삼아 겨우 몸 붙이고 사는 양 떼뿐이라니. 나무는 고사하고 풀이 돋아나 있는 것이 신기할 정도였다. 몽골에서 모래바람이 넘어오고 이 나라에 황사를 뿌린다는 뉴스를 간혹 보긴 했지만, 설마 설마 했던 현장을 두 눈으로 확인하며 아찔했다. 나무들 천지인 나라에서 살고 있던 아이도 소나무를 몰라, 소가 어떻게 나무에 달릴 수가 있느냐며 따져 물었거늘 나무 한 그루 만나는 일이 하늘의 천사 만나는 일만큼이나 어려운 나라에서 살고 있는 아이들은 어떨 것인가? 나무 없는 나라에서 나무 볼 일 없이 자라는 아이들이 너무나도 걱정이 되었다.

나무를 심는 사람이 되어

그럼에도 작은 희망이 있다면, 이 일의 심각성을 느껴 나무 한 그루 심는 일을 시작한 사람들이 있다는 것이다. 마치 장 지오노의 아름다운 소설 『나무를 심은 사람』에 나오는 프랑스 프로방스 지방의 양치기 노인(엘제아르 부피에)처럼 말이다. 이기심과 탐욕에 사로잡힌 사람들은 모두 마을을 떠났다. 돈을 벌기 위해 나무도 다 베어낸 땅은 폐허가 되고, 새와 동물들도 다 그곳을 버렸다. 그러나 이를 안타깝게 여긴 늙은 양치기는 40여 년의 세월 동안 도토리 심는 일을 계속 이어갔다. 결국은 땅에 물이 흐르고 꽃들이 피고 새들이 돌아와 지저귄다. 중요한 것은 다시 사람들이 돌아온다는 것이다.

내가 보기에 기독교환경운동연대는 이 시대의 엘제아르 부피에가 되고픈 것이다. 그리되기 위해서는 물론, 그곳에 머물러 매일 심고 가꾸는 일을 해야만 할 것이다. 그러나 우리로서 그리하기에는 역부족이기에 그 나라에서 도우미를 청하기는 했지만, 우선은 일을 시작했다는 것이 중요하다.

사막과도 같은 곳에 심어진 나무가 잘 자랄 리가 없다. 더군다나 동토의 땅 아니던가. 이미 땅속은 얼어 있고, 나무가 자랄 수 있는 토양이 아니다. 심고 물을 주는 것만으로는 부족한 환경 조건이 발목을 잡았다. 결국, 풀을 심고 갈아엎기를 몇 번, 땅속에 드디어 미생물들이 자라는 터전을 마련하고 나서야 나무를 심을 수가 있었다고 한다. 그렇다고 다 된 것도 아니다. 이 나라 땅에서 자라는 1/10 정도의 속도로 자란다고 하니, 쓰디쓴 기다림의 시간이 필요하다.

그렇게 나무를 심고 10주년 기념으로 방문한 우리는 겨우 허리춤에 올라온 나무들의 키를 확인할 수 있었다. 우리나라 땅이었다면, 하늘 높은 줄 모르고 솟아올랐을 시간인데 말이다. 그런데 한편으로 생각을 해 보면, 이것도 기적이다. '내가 헐벗은 산에 강을 내며 골짜기 가운데에 샘이 나게 하며 광야가 못이 되게 하며 마른 땅이 샘 근원이 되게 할 것이며 내가 광야에는 백향목과 싯딤나무와 화석류와 들감람나무를 심고 사막에는 잣나무와 소나무와 황양목을 함께 두리니'(사 41:18-19) 하셨던 말씀이 그대로 이루어진 것이 아니던가.

그 기적의 현장에서 생각한 사자성어가 하나 있으니, 송직극곡(松直棘曲)이다. 소나무는 곧게 자라고 가시나무는 뒤틀리면서 자란다는 뜻이다. 나무는 나무 나름의 특성이 있으며, 각자의 환경과 여건에서 최선을 다한다는 말이렷다. 그렇게 최선을 다할 뿐 가시나무는 소나무를 부러워하지 않으며, 소나무의 흉내를 내려고 하지도 않는다. 물론 소나무도 마찬가지다.

나무 앞에 부끄럽지 않도록

황량하기 그지없는 몽골 들판에 일단의 집단을 이루어 선 숲을 통해 크게 얻은 것이 있다면, 녀석들은 최선을 다하고 있더라는 것이다. 물이 있으면 있는 대로 없으면 없는 대로, 바람이 불면 부는 대로 눈비가 내리면 내리는 대로, 가뭄이 들면 드는 대로 바위에 걸리면 걸리는 대로 환경을 탓하지 않고 그 환경에 뿌리내리며 살아남기 위해 부단히 노력하더라는 것이다. 그런 나무들의 생태를 보면서 작가 유용주는 이런 말을 남겼다.

직립 보행을 하면서도 얼마나 많은 사람들이 수평이나 비탈에서 돈과 권력과 명예에 따라 부러지고 휘어져 아부하고 살아가는지요. 아무리 험한 곳에서도 오로지 하늘만을 우러르는, 수직만을 고집하는, 나무의 견고한 고독을 우리는 배워야 합니다

아무리 험한 곳에서도 오로지 하늘만을 우러르는 나무라니, 수직만을 고집하는 나무라니, 더군다나 나무의 견고한 고독을 배워야 한다니, 이 얼마나 교훈적인 나무들의 세계란 말인가. 나무 한 그루 없는 허허벌판에 심겨진 채 고군분투하며 자라고 있는 나무들을 보며 여행 내내 생각이 많은 시간이었다.

끝내며

다시 가 볼 수 있을까? 아니, 무조건 다시 가 봐야 하리라. 벌써 3년이라는 세월이 흘렀는데, 녀석들은 얼마나 자랐을까, 한 뼘이라도 자랐을까, 이제는 나와 키재기라도 해볼 수 있을 만큼은 되었을까? 모르긴 몰라도 나름 녀석들도 최선을 다하고 있을 거다. 혹시 아는가? 이만큼이나 자랐다며 뽐내고 싶어 나와 우리를 기다리고 있는 것은 아닌지. 서둘러 가서 볼 일이다. 그리고 안아줄 일이다. 애쓰고 수고했다며, 물 한 바가지라도, 거름 한 줌이라도 선물하면서 말이다. 이를 통해 녀석들도 살고 우리 아이들도 살게 되는 세상이 되리니.

다시, 은총의 숲을 걷는다

정리연/에큐메니안

길게 뻗은 도로 위를 노란 버스가 달린다. 창밖으로 끝이 보이지 않는 초록초록한 언덕, 맞닿아 있는 탁 트인 파란 하늘, 몽글몽글 피어오르는 눈부신 구름의 조화가 환상적이다. 초원 위 게르들은 다정하고 양과 염소, 말들은 자유롭다. 가끔 도로를 느릿느릿 가로지르는 양들(다 지나갈 때까지 지켜보는 것도 신기한 광경 중 하나). 마음이 자연스럽게 평온해진다. 아무리 눈을 돌려도 초록과 파랑, 하양을 품은 비슷한 풍경, 하지만 전혀 지루하지 않다. 풀을 먹다가 잠든 양처럼 몸도 마음도 여유로워지는 곳, 여기는 몽골, 샌 밴오(안녕하세요)!

3년 전, 몽골에서 지낸 시간이 아득하다. 바로 어제 일도 깜빡할 때가 많은데 당연하지…만, 머릿속을 더듬어 봐야겠다. 낯선 나라와 '은총의 숲'에 대한 기대와 설렘, 생각과 달랐던 모습에 당황했었던 순간, 곳곳에 펼쳐져 있던 아름다운 자연의 모습과 그 모습이 점점 사라져 가는 흔적들 그리고 함께 나눴던 별이 가득했던 밤의 이야기 등.

비를 몰고 도착하다

몽골에 도착한 날은 비가 내렸다. 초창기부터 은총의 숲을 관리하고 계시는 최재명 교수님이 마중 나오셨는데 웃으시면서 우리를 귀인이라고 하셨다. 몽골은 비가 귀한데 마침, 우리가 오는 날 비가 내려서 말이다. 어쩌다 우연인 걸 알면서도 몽골에서의 첫 출발을 기분 좋게 시작했다. 그러나 웬걸, 비가 내리는 건 좋았는데 호텔로 가는 길은 매우 험악했다. 평소에도 교통 체증이 심하다고 하는데 비까지 내리니 움푹 팬 도로 웅덩이마다 빗물이 차올랐다. 차들은 마음대로 회전을 하고 끼어들기를 넘나들었다. 차선도 교통 신호도 안 보이는 거 같은데 나름의 암묵적인 규칙이 있는 건지 신기하게도 차들은 별다른 문제 없이 도로 위를 달렸다.

하지만 교통 상황보다는 처음 와본 나라에 대한 호기심이 더 컸다. 창밖에 보이는 몽골의 수도 울란바토르는 보통 도시의 모습이었다. 높은 건물과 삼성을 비롯한 여러 나라의 기업들의 로고도 보였다. 멀리 언덕 위에 게르들이 있었는데 도시의 모습과 어울리지 않았다. 임준형 간사님의 설명에 따르면 초원에서 살 수 없어 수도로 온 사람들이라고 한다. 기후변화로 인한 사막화로 목초지가 사라지니 말이나 양을 키울 수 없어졌고 먹고 살길을 찾아 도시로 모여들었다는 거다. 기후난민이 된 이들은 주택이나 아파트를 구할 수가 없으니 게르를 짓고 사는데 난방을 하는 재료(쓰레기나 폐타이어 등)로 인해 대기오염과 미세먼지가 심각하다는 설명이었다. 또한 수도로 인구가 집중되어서 인구 난도 심각하고 말이다. 넓은 몽골 땅에서 왜 이런 일이 일어나고 있는 걸까! 기후위기 문제는 단순하고 좁은 의미가 아니라는 게 느껴졌다.

비 내리는 도시를 구경하는 동안 베테랑 기사님 덕에 무사히 호텔에 도착했다. 바로 옆에 CU편의점이 있어서 반가운 마음에 들어가 보니 한국 제품이 대부분이었다. 괜히 물건이 더 좋아 보이고 한국에서는 잘 안 먹던 인스턴트 음식들도 맛있어 보인 건 왜일까? 짐을 풀고 도착 예배와 일정을 위한 모임을 한 후, 기다리던 몽골에서의 첫 식사는 한국식당! 김치찌개, 된장찌개, 비빔밥 등 메뉴도 다양했고 맛도 좋았다. 사장님도 한국인, 우리도 한국인, 식사 메뉴도 한국 음식, 아직 한국에 있는 것 같은 착각이 들 정도였다.

앗, 여기가 숲이라고요?

다음 날, 아르갈란트에 있는 은총의 숲을 향해 출발했다. 수도를 벗어나니 넓은 초원만 보였다. 가끔 보이는 게르와 유목민들, 한가로이 풀을 뜯어 먹거나 쉬고 있는 양과 염소, 말. 워낙 땅이 넓다보니 몽골에서 반나절 이동하는 건 기본이라고 한다. 예를 들어 "언제쯤 도착해?", "응, 금방 가~" 하고 아침에 출발한 사람이 저녁에 도착해도 전혀 이상하지 않다는. 마음이라는 게 주변의 환경에도 영향을 받나 보다. 우리나라 사람들은 좁은 땅에서 살아남기 위해, 남들보다 더 빨리 높이 오르기 위해 경쟁은 물론이고 시간을 다툰다. 그러니 여유도 없고 팍팍하고 메마른 마음을 지닌 채 살아가는 이들이 많은 거 같다. 한 걸음 더 빨리 뛰는 게 아니라

한 걸음 더 천천히 가면 좋을 텐데 말이다.

얼마나 달렸을까. 갑자기 눈앞에 노란 물결이 나타났다. 은총의 숲으로 들어가는 입구에 유채꽃이 끝없이 펼쳐져 있었다. 우와! 예쁘다. 모두 내려서 노란 유채꽃을 배경으로 사진을 찰칵! 그런데 이상했다. 은총의 숲에 다 왔다고 하는데, 숲이 보이지 않았다. 걸어서 올라가면 숲이 있는 건가? 생각했는데, 눈앞에 보이는 밭(?)이 바로 은총의 숲이란다! 숲, 푸른 나무가 울창한 모습을 상상했던 나는 약간 당황했다. 땅에는 성인 키 정도의 나무들이 심겨 있었는데 10년간 키운 거라고 했다. 몽골의 토양이 사막화로 인해 메마르고 척박해진 데다 높은 해발고도와 위도로 나무들이 생장할 수 있는 시간이 짧다고 한다. 그래서 보통 우리가 생각하는 울창한 숲이 되려면 많은 시간과 노력이 필요하고. 그렇구나, 이 땅에서 자란 나무들이 언젠가는 숲을 이룰 거라는 믿음과 소망이 담겨 있는 곳이구나. 좁은 내 생각의 한계를 느끼면서 계속 설명을 들었다.

몽골에서 나무 가꾸기는 매우 까다롭다고 한다. 봄에는 건강한 성장을 위해 토양에 거름을 만들어 공급해주어야 하고, 여름에는 토양이 유실되지 않을 만큼의 적절하게 비가 내려야 한다. 가을에는 추운 겨울을 잘 보낼 수 있도록 풀을 덮어 보온을 해줘야 하고, 겨울에는 영하 40도를 넘나드는 매서운 추위를 막아주어야 한다. 또한 아직 나무를 심지 않은 땅에는 채소를 재배해서 건강한 토양이 만들어지도록 해야 하고, 목축하는 이웃 주민들의 양과 염소가 울타리를 넘어와 어린나무에 피해를 주지 않도록 관리해야 한다. 메마른 땅을 일구어 심은 어린나무를 향해 얼마나 큰 노력과 시간을 들였을까를 생각하니, 은총의 숲을 관리하는 분들이 대단해 보이고 감사했다. 여린 생명을 이만큼 키우기까지 얼마나 노심초사하면서 돌보았을까! 사정을 알고나니 아직은 작고 가냘프지만 척박한 땅을 디디고 하늘을 향해 뻗어 나가고 있는 나무들이 대견했다. 눈에 보이지는 않지만 얼마나 애쓰고 있을까! 나무도 자기만의 속도가 있을테다. 그러니 어서 큰 나무가 되어서 숲이 되라고 재촉하지 말아야겠다. 이렇게 서 있는 것만으로도 희망을 주는 존재니까. 그러나 사람과 나무가 아무리 애쓴다고 한들, 모든 것을 운행하시는 분은 하나님이시리라. 이곳을 향한 하나님의 계획과 돌보심에 감사했다. 더디지만 이 나무들이 튼튼하게 뿌리 내리기를, 몽골 곳곳에 심어져서 누군가 쉴 수 있는 그늘이 되기를, 생명이 숨 쉬고 생명의 바람이 부는 숲이 되기를 기도했다.

은총의 숲을 출발한 우리의 다음 목적지는 기대하던 게르촌! 가는 길에 후스타이 물츠크 사막에 들렀다. 원래는 호수였다고 하는데 물은 한 방울도 보이지 않았다. 이제는 말라버린 움푹 팬 흔적이 예전에 호수였다는 걸 짐작하게 할 뿐, 모래와 나보다 더 큰 잡초가 무성했다. 한참을 걸어도 황폐한 모래사막이었다. 현재 몽골 대부분이 이렇게 사막화가 되고 있다고 한다. 몽골의 사막화는 전 세계의 이산화탄소 배출로 인한 지구 온난화 현상 때문이기도 하다. 일상에서 알게 모르게 이산화탄소를 많이 배출하는 우리 모두에게 책임이 크다. 은총의 숲은 단순하게 나무를 키우는 게 아니라, 사막화되어가고 있는 몽골의 땅과 무너져 가는 생태 환경을 회복하는 일이고, 더 나아가 생태 정의를 이루는 길임을 다시 한번 깨달았다.

언젠가 박준의 『책여행책』(웅진윙스, 2010)을 읽었는데, 몽골 사람들은 게르를 세울 때 최소한의 공간만을 사용한다고 한다. 초원은 나만의 것이 아니라 모두의 것, 어머니 같은 존재이기 때문이다. 또 게르를 지으면 바닥에 깔려서 풀이 죽거나 상해버리기 때문에 조금이라도 덜 망가지게 하기 위해서란다. 그곳에 머물다가 떠날 때 게르를 걷은 후, 바닥에 깔려 죽은 풀에게 "너를 망가뜨려서 미안해"라고 사과한다는 몽골 사람들. 이런 마음을 지니고 사는, 지구 온난화와는 전혀 상관없는 생활을 하는 몽골 사람들이 오히려 삶의 터전을 잃고 기후난민이 되고 있는 현실이 참으로 아이러니하면서 서글펐다.

게르, 은하수, 사람

또다시 끝이 보이지 않는 도로를 달리고 달렸다. 하지만 함께 가는 이들과 대화와 바깥의 평화로운 풍경을 보느라 지루하지 않았다. 저 언덕 어디쯤에 게르 하나를 짓고 살고 싶은 마음이 들 만큼 매력적이었다. 그러나 몽골도 자본주의와 경제 성장주의를 비켜갈 수는 없었던지, 곳곳이 공사 중이었다. 골프장을 만들고 리조트 같은 건물이 들어서고 있었다. 하긴, 이렇게 땅이 넓은데, 여러 나라에서 눈독을 들일 만도 하겠다. 물론 국가와 국민을 위해 적절한 개발과 성장은 필요하다. 우리나라처럼 될까 봐, 그게 염려되는 거지. 나도 모르게 '저 건물도 한국 사람이 짓고 있는 건지도 몰라'라는 쓸쓸한 생각이 들었다.

울퉁불퉁 좁은 비포장 길을 한참 달려서 저녁 무렵 게르촌에 도착했다. 눈 앞에 펼쳐진 모습에 피곤함이 전부 사라졌다. 여기는 또 다른 세상이었다. 세상의 끝자락에 있는 낙원이 이렇게 생겼을까? 도시의 차가움도 끝이 보이지 않는 막연함도 없었다. 파란 하늘과 나무가 울창한 숲, 머랭 쿠키처럼 둥글고 낮은 게르들이 올망졸망 자리 잡고 있었다. 게르촌을 둘러싸고 있는 숲은 포근했고 꽃내음 섞인 바람이 얼굴을 스쳤다. 게르촌을 관리하는 가족들이 입구까지 나와서 반갑게 맞아 주셨다. 주차장에서 거주지까지 좀 걸어가야 했는데, 우리 짐이 무거울까 봐 이동 수레를 가져오셨다. 수레를 끈 이(?)는 검은색 털이 무성한 야크! 처음 보는 블랙 야크가 신기하기도 하고 무섭기도 했다. 암튼, 야크 덕분에 가벼운 몸과 마음으로 게르촌에 입성할 수 있었다. 바야를라(고마워)!

청년들이 숲 여기저기 탐색하면서 내는 와자지껄한 소리가 정겨운 초저녁이 지나고 점점 어둑해졌다. 약속하지 않았지만, 우리는 모닥불에 둘러앉았다. 누군가가 노래를 시작했고 끝나면 다른 사람이 또 시작했다. 따뜻한 차를 마시면서 서로의 이야기를 나누었다. 고요하게 깊어 가는 밤처럼 서로에게 가닿는 마음도 가까워졌다. 생태기행이라는, 같은 길을 떠나온 우리에게는 꺼져가는 모닥불도 커피 믹스처럼 따뜻하고 달콤했다.

앗! 은하수다! 북두칠성이 엄청 잘 보여!! 누군가 소리치자 모두 밤하늘을 올려다봤다. 정말, 말 그대로 별이 쏟아질 듯했다. 별빛을 뿌려 놓은 듯 은하수가 머리 위에서 흐르고 있었다. 조곤조곤 소리가 조용해지고 모두 자연의 경이로움에 감탄했다. 헤아릴 수 없는, 우주라는 커다란 공간 한복판에 서 있는 기분이었다. 셀 수는 없지만, 작은별 하나하나까지 보일 만큼 선명한 밤하늘을 한동안 감상했다. 매우 낭만적이다, 아름답다 하면서. 그다음에 벌어질 일은 짐작하지 못하고….

게르 안에 나무 난로가 있어서 관리자에게 물어 봤는데 불을 땔 수 없다고 했다. 그래서 그냥 잤는데, 이럴 수가! 낮은 봄 날씨지만 밤에는 영하로 내려가는 몽골. 챙겨간 점퍼를 껴입고 이불을 뒤집어쓰고 잤는데도 덜덜덜. 뼛속까지 쳐들어오는 추위 때문에 잠을 잘 수가 없었다. 그런데 아침 식사 시간에 들으니 어떤 방은 난로에 불을 때서 따뜻한 밤을 보냈다고 한다. 아무튼, 매우 추웠던 쓰라린 기억이 있지만, 게르촌의 하룻밤은 사람들 그리고 자연과 소통하는 따뜻함 역시 남겨 주었다.

지금, 여기에서 은총의 숲 만들기

집 현관에 들어서면 바로 맞은편에 그림 하나가 걸려 있다. 넓은 초원에 게르 두 채가 나란히 있다. 굴뚝에서는 모락모락 연기가 올라오고 가족들은 말과 양 떼를 돌보고 있다. 막 생겨난 뭉게구름이 파란 하늘에 점점 퍼지면서 바람결 따라 흐르고 있다. 이 그림은 몽골에 다녀온 지 얼마 지나지 않은 어느날 지인에게 선물로 받았다. 몽골 작가의 작품인데 선교 후원 차 그림을 샀다고 한다. 이런 우연이! 보고 있노라면 평화롭고 따뜻해져서 잘 보이는 곳에 걸어두었다. 한동안은 그림을 볼 때마다 몽골과 은총의 숲을 생각하며 그리워했다.

그 후로 많은 시간이 흘렀다. 일상을 살아가면서 '그때'와 '그때 느끼고 마음먹었던 것들'을 잊고 지낼 때가 많았다. 지금, 3년 전보다 더 심각한 기후변화를 앓고 있는 지구에서 살고 있다. 몽골 땅은 더 사막화되고 초원을 잃은 기후난민은 늘었겠지? 은총의 숲 나무들은 어떻게, 얼마나 든든한 뿌리를 내리고 자랐을까? 궁금하다. 기회가 되면 다시 가서 "이만큼 자라줘서 고마워. 크고 울창한 숲이 되지 않아도 괜찮아. 우리 마음에 너를 심었으니까. 사랑과 생명, 평화를 가꾸는 마음이 점점 커질 테니까" 라고 말해주고 싶다.

자본주의와 소비적 생활 방식은 잠깐의 만족을 줄 수 있을지 모르지만, 삶의 충만함을 주지는 못한다. 환경과 생태계를 파괴한다. 그 안에서 살아가는 인간도 병들고 파괴될 수밖에 없다. 우리는 자연 안에 존재하고 그 일부이니까. 우주의 모든 존재는 순환하니까. 그렇다면, 지금 당장 몽골에 가서 나무를 가꿀 수는 없어도 여기에서 어떤 행동 하나가 저 멀리 은총의 숲으로 닿을 수 있다는 거네! 자기 전에 전기 플러그 빼 있는지 확인해야지. 아! 노트북도 빨리 꺼야겠다!

그럼, 다라 오울지(또 만나요)!

3부

은총의 숲의 의미와 가치

은총의 숲의 생태적 가치에 대하여

박고은

국립산림과학원 임업연구사

'저 아름다운 초원을 봐!'

아름다운 초원을 찾아온 도시 사람들은 넓고 아름다운 초원에 감탄한다. 울타리를 짓고, 길도 내고, 수로를 내고, 집도 짓더니, 급기야 공장과 다른 편의시설을 지어 결국 아름다운 초원을 잃고는 짐 싸 들고 다른 초원을 찾아 떠난다. 딸아이와 함께 읽은 그림책 『저 아름다운 초원을 봐』[1]의 줄거리이다.

내가 박사 논문 연구를 위해 몽골에 갔을 때, 몽골을 처음 방문한 어떤 한국인이 한 이야기가 떠올랐다. 이 너른 초원에서 할 것이 참 많을 텐데 어쩜 땅을 놀리고 있냐는 취지의 말이었다. 그분의 '할 것'은 주로 도로를 짓고 공장 등 건물을 짓는 일을 의미했을 것이다.

누군가의 눈에는 개발하여 수익을 창출해야 하는 대상으로 보일 그

---

1 볼트 하란트 글, 빈프리트 오프게노르트 그림, 『저 아름다운 초원을 봐』 (킨더랜드, 2009), 32쪽.

땅이 기독교환경운동연대에는 회복을 도와야 하는 땅으로 읽혔고, 몽골에 '은총의 숲'을 조성하자는 데 마음을 모으게 되었다.

일반 시민들을 비롯하여 생태를 연구하는 이들 가운데에서도 건조지에 나무를 심는 행위가 온당한지에 대한 의견 차이가 있다. 반대의견의 주된 논거는 사막화는 되돌릴 수 없는 현상이므로 인위적인 복원[2]을 한다는 것이 오히려 섭리를 거스른다는 것이다. 나는 몽골에 나무를 심는 것이 맞는지를 질문하는 이들에게 몽골에서 직접 목격한 다음의 두 가지를 이야기하려 한다.

첫째는 건조지 복원의 주요 수종에 속하는 비술나무(*Ulmus pumila*)의 내건성 연구를 위해 몽골의 남북을 종단할 때의 일이다. 남고비에 이르렀을 때 세찬 모래바람을 처음으로 마주했다. 알이 굵은 모래를 거뜬히

---

[2] 생태학에서 주로 이야기하는 복원(Restoration)에 대한 개념도는 다음과 같다. 본인은 은총의 숲은 부분적인 복원(Rehabilitation; Partial Restoration)을 지향하고 있다고 이해한다.

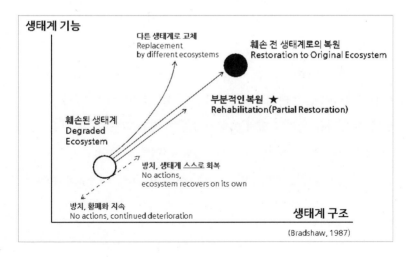

날려버리는 강풍은 차창을 깰 듯이 쳐댔다. 마치 재난 영화에서나 나올 법한 장면을 목도한 것이다. 차 문을 열 수도, 열어서도 안 되는 상황이었다. 그 강풍이 지나갈 때까지 차를 움직이지 않고 기다리는 수밖에 없었다. 동물과 식물, 사람들에게 상처를 줄 수 있는 모래바람이었다. 그러니 그런 모래바람이 부는 곳을 삶의 터전 삼은 사람들에게 토지의 황폐화, 사막의 확장으로 인한 피해는 살갗에 닿는 문제임을 인정하게 되었다.

그리고 한번은 역시 비술나무 연구를 위해 몽골의 어느 모래언덕에 올라간 적이 있다. 어린 비술나무의 뿌리 발달 상태를 관찰해야 했는데 마침 모래언덕 위로 작은 나무 여럿이 보였기 때문이다. 모래를 조심스레 걷어내다 보니 뿌리가 아닌 원줄기가 드러나 적잖이 당황했던 기억이 생생하다. 내가 본 것은 어린나무가 아니라 모래에 덮인 큰 나무의 가지 끝이었던 것이다. 나무를 덮고 있는 흙의 입자가 매우 작고 고와서 촉감이 베이비파우더 같아 또 한 번 놀랐다. 흙을 한 줌 손바닥에 올려 입으로 '호~'하고 부니 공기 중으로 쉽게 흩어져 날아갔다. 고개를 들어 모래언덕 아래를 내다보니 너른 풀밭에 건재한 비술나무들이 비술나무답게[3] 흩어져 분포하고 있었다. 그러나 그 나무의 가까운 미래는 그리 밝지 않을 것이 분명했다. 지금 내가 딛고 있는 모래언덕이 그리로 이동해 나무를 잠식할 터. 그렇게 사막이 확장되는 경계를 목도하고 있자니 무력감이 몰려왔다. 생명의 존속을 위협하는 모래바람과 이동성 모래언덕,

---

3 몽골과 중국의 내몽골과 같은 건조지에서 비술나무는 울폐한 숲을 이루기보다 나무 사이에 듬성듬성 거리를 두고 분포한다. 이는 비술나무의 씨앗에 날개가 있어 바람 타고 먼 곳까지 날아가는 특성과 관련이 있다. 또한 한 지점에서 여러 개의 싹이 나더라도 물 자원이 제한된 지역에서 뿌리 경쟁에 도태된 개체는 살아남기 힘든 것과도 관련된다.

이 둘을 마주함으로써 땅을 회복시키고 사막화 확장으로 인한 피해를 줄이는 데 기여할 수 있는 '나무 심기'의 필요성을 실감하게 되었다.

물론 '사막화 방지를 위한 조림'에 회의를 느낀 적도 있다. 학부 때 국내 어느 NGO 단체에서 기획한 해외자원봉사 프로그램의 일환으로 중국 사막화 방지를 위한 나무 심기 행사에 참여했을 때의 일이다. 기차를 타고 이틀을 꼬박 달려 도착한 곳은 그야말로 사막 한가운데였다. 3인 1조가 되어 한 사람은 삽으로 흙을 파고 다른 한 사람은 나무를 심고 나머지 한 사람은 물이 가득 담긴 양동이 하나를 가져다가 그곳에 물을 부었다. 이것이 그 여정의 핵심 활동이었다. 나무를 심기는 하였으나, 걱정이 더 컸다. 양동이 한 개 분량의 물로는 이 나무가 활착할 리 만무해 보였기 때문이었다. 훗날 우리가 그때 심은 나무가 잘 자라고 있다는 소식은 들을 수 없었다.

10여 년 전, 대학원생으로서 갓 몽골에 드나들기 시작할 무렵, 이제는 고인이 되신 최완택 목사님과 함께했던 수요성서모임 끝에 목사님께서 내게 물으셨다. '몽골에 나무를 심으려면 무엇부터 해야 하니?' 나의 공부는 미진했으나, 금세 대답할 수 있었다. '물길을 알아야 해요.' 나의 답에 목사님께서는 '오호라! 나무가 살려면 물이 있어야 하니, 물길을 알아야 하겠구나!'라며 고개를 끄덕이셨다. 지금 누가 다시 묻는다면 나의 대답은 같다. 뿌리에 물이 닿을 수도 없을뿐더러 관수시설 등 사후 관리를 위한 시설과 인적자원이 확보되지 않은 상태에서 사막 한가운데 나무를 심는 것은 곧 죽을 운명의 나무를 꽂으며 스스로 뿌듯해하는 것 그 이상도 이하도 아니다.

기후변화의 압력하에 지구는 몸살을 앓고 있다. 지구 토지의 40%가 이미 황폐화되었다. 유엔사막화방지협약(UNCCD)에 따르면, 토지 황폐화와 기후변화로 악화된 가뭄의 빈도와 강도가 2000년 이후 29% 증가했고, 매년 5,500만 명이 영향을 받고 있다. 또한 2050년까지 전 세계 인구의 75% 이상이 가뭄의 영향을 받을 것으로 전망하고 있다. 2021년에 열린 제26차 유엔기후변화협약 당사국 총회에서는 '산림 및 토지이용에 관한 글래스고 정상 선언'을 발표함으로써 각 국가 정상들이 산림 손실 및 토지 황폐화 방지와 복원에 대한 의지를 표명하였다. 또한 기후변화에 효과적으로 대응하기 위한 자연 기반 해법으로 토지기반 해결책이 강조되고 있다.

2015년, 유엔사막화방지협약(UNCCD) 당사국은 토지황폐화중립(LDN, Land Degradation Neutrality)을 성취하기 위한 자발적 목표(voluntary target) 설정에 본격 착수했다. 토지황폐화중립이란, 황폐해진 산림이나 토지를 조림을 통해 복원하고, 추가적인 토지 황폐화를 막아 전체적으로 토지 황폐화 순증가율을 0(제로)으로 하자는 개념으로 2030년까지 이행을 위해 노력해야 할 글로벌 목표이다. 이에 2018년, 몽골 정부가 유엔사막화방지협약(UNCCD)에 제출한 자발적 토지황폐화중립 목표 설정 보고서[4] 에서는 몽골 토지 황폐화의 주요 원인을 건조한 기후와 침식, 과도한 방목, 채광(mining) 등으로 제시하고 있다. 또한 몽골 국토에서 황폐화된

---

4 LAND DEGRADATION NEUTRALITY TARGET SETTING PROGRAMME: NATIONAL REPORT ON VOLUNTARY TARGET SETTING TO ACHIEVE LAND DEGRADATION NEUTRALITY IN MONGOLIA. National Committee on Combatting Desertification of Mongolia (NCCD), September 2018.

토지가 차지하는 비율은 LDN 지표를 적용할 경우 몽골 국토면적의 13.29%, 생물리학적인 인자[5]를 고려한 평가 방법을 적용한 경우 국토면적의 76.8%[6]로 평가하고 있다. 그리고 본 보고서에서는 2015년에서 2030년까지 산림면적을 전 국토 면적 대비 약 1.15% 증가시키는 내용을 포함하고 있다.[7]

기후변화와 인간 활동에 의해 토지 황폐화가 가속화되고 있는 현장에서 은총의 숲을 만들어가는 노력은 다음의 세 가지 측면에서 생태적인 가치가 있다고 생각한다.

회복력을 잃은 지역에 옮겨 심을 어린나무를 키우는 일

하나님이 창조하신 생태계를 과학자들은 에너지의 흐름과 물질순환이 이루어지는 것으로 이해한다. 생태계는 어느 정도의 회복력을 지니고 있지만, 임계점을 지나치면 그 회복력을 잃는 지경에 이른다. 오랜 시간 사막이었던 곳에 다시 샘물이 나게 하려는 것은 오히려 섭리를 거스르는

---

5 건조도, 바람, 물에 의한 침식, 식생피복 변화.

6 그중에서도 22.9%는 황폐화 수준이 심각한 것으로 평가하고 있다.

7 몽골의 자발적 토지 황폐화 중립 목표는 다음과 같다.
- 목표 1: 산림의 훼손과 황폐화를 줄여 산림면적을 유지하고 2015년 기준 국토면적의 7.85%였던 산림면적을 2030년까지 9%에 도달
- 목표 2: 지속가능한 초지 관리를 증진 및 향후 초지 황폐화 방지
- 목표 3: 농업수확량을 2015년 기준 연간 1.6t에서 2030년까지 연간 2.5t으로 증가
- 목표 4: 2015년 대비 2030년까지 습지의 순손실이 없도록 보장(2015년 습지 면적 3963.3㎢)

일일 수 있겠다. 그러나 산불이나 일시적인 이상기상 등의 이벤트로 회복력을 잃고 사막으로 확장될 수 있는 경계 지역에 나무를 심고 가꿈으로써 사막화를 지연시키거나 저지할 수도 있다고 본다. 우리가 나무를 기르고 심는 이유이다. 은총의 숲은 복원 재료를 확보하고 길러내고 있다는 측면에서 여성의 자궁이 하는 역할을 하고 있다.

생태계의 구조와 기능을 회복시키는 일

토지의 피복 변화는 해당 지점뿐 아니라 그 주변의 미세환경에도 변화를 일으킨다. 있던 숲이 사라져 맨땅이 드러나는 경우 주변에 영향을 미치듯, 새로이 나무와 풀로 덮이게 될 경우에도 주변에 영향을 미친다. 식물이 있다/없다가 구조적인 측면의 변화라면, 유무 여부로 인해 발생하는 '효과'는 기능의 측면으로 이해할 수 있겠다. 생태계의 구조와 기능은 긴밀히 연결되어 있다. 은총의 숲으로 지정한 땅에 나무를 심었고, 나무가 자라니 전에 없던 그늘이 생겼다. 이슬과 강우로 토양에 스치던 수분이 그늘로 인해 토양에 머무는 시간이 조금 더 늘었다. 나무의 뿌리가 토양을 붙들었고, 다른 씨앗이 토양에 머물러 싹틔우기에 전보다 유리한 조건이 마련되었다. 나무는 잎의 기공을 통해 유입된 대기 중 이산화탄소와 뿌리에서 흡수한 물을 햇빛에너지를 이용해 합성하여 산소를 배출하고 탄소를 탄수화물의 형태로 체내에 저장한다. 광합성 하기에 적정했던 기온이 낮아지는 가을이 되면 겨울나기를 준비하며 잎을 떨구고

낙엽은 기후와 미생물의 도움을 받아 분해되어 흙으로 돌아가 다음 세대의 양분이 되어준다. 구조와 기능이 회복되는 과정에서 은총의 숲은 그 공간에 기대어 사는 동물과 식물, 사람들이 생명 활동을 하는 터전이 되어가고 있다.

깨진 관계의 회복

생태계의 구조와 기능의 회복을 통해 자연과 자연의 관계가 회복되었다면, 은총의 숲은 더 나아가 자연과 사람, 사람과 사람의 관계 회복의 길로 나아가고 있다. 땅과 숲을 이루는 생태계와 사람이 배타적인 대상이 아닌, 서로 돕는 관계로의 회복을 지향하고 있으며, 지역 주민과 활동가, 후원자를 포함하는 국내외 방문자 간의 평화를 이루며 은총을 함께 누리는 숲으로 가꾸기 위해 힘쓰고 있다. 이해당사자들 간의 화해와 소통, 공동의 인식과 협력은 지속가능한 생태계의 유지·보전에 매우 핵심적인 요소이기도 하다. 이렇듯 은총의 숲은 총체적인 관계 회복의 과정을 여실히 체험해볼 수 있는 배움터이기도 하다.

나무와 사람은 같으면서도 다른 시간을 산다. 길게는 천년도 넘게 사는 나무의 생애주기를 고려할 때, 10년이라는 시간은 그리 길지 않다. 그러나 숲을 가꾸어내기 위해 땀과 눈물을 흘린 이들의 수고의 시간은 결코 짧지 않다. 서로 다른 시간 사이에 겪은 시행착오는 실패가 아니고, 더 나은 방향으로 진일보할 수 있는 디딤돌이 되어줄 것이다.

앞으로 은총의 숲이 하나님이 지으신 섭리에 보다 가까운 모습으로 회복할 수 있도록 돕기 위해 고려해야 할 몇 가지 사항을 정리해보았다.

〈연결, 어울林: 은총의 숲은 끊긴 관계를 잇는 숲으로 회복하고 있다〉

관계	내용
자연과 자연	맨땅과 초지와 숲을 연결하여 바람 타고 오가는 씨앗, 새와 설치류 등 동물들과 곤충들에게 삶터, 쉼터가 되는 숲. 은총의 숲에서 난 씨앗과 나무가 다른 황폐한 곳을 푸르게 함으로써 다른 숲과 생물들을 연결
자연과 사람	땅, 숲을 이루는 생물 및 환경과 사람이 배타적 관계가 아닌 서로 돕는 관계로 회복
사람과 사람	지역 주민-활동가(기환연)-방문자/후원자 간 평화를 이루며 은총을 함께 누리는 숲 생계유지, 생(生)의 가치발견, 소명 실천의 장이 되는 숲

지속가능한 숲 생태계 가꾸기

미국의 식물보전센터(CPC, Center for Plant Conservation)에서는 복원의 과정을 총 4단계로 구분하고 있다.[8] 1단계는 식재 및 생존, 2단계는 식재한 나무에서 꽃이 피고 열매 맺는 것, 3단계는 종자가 퍼지는 것, 그리고 마지막 4단계는 식재한 나무로부터 천연 갱신하는 것이다. 즉 식재한 나무에서 떨어진 종자에 싹이 터 후대를 잇는 수준에 이르러야 그 숲이 지속가능하게 되고, 이를 복원의 완성단계로 볼 수 있다. 은총의 숲도

---

8 Center for Plant Conservation. 2019. CPC Best Plant Conservation Practices to Support Species Survival in the Wild. Center for Plant Conservation, Escondido, CA.

천연갱신이 가능한 숲으로 가꾸어 장차 인공식재에 대한 의존도를 낮추어가는 방향으로 유도해 갈 수 있기를 기대해본다. 그러나 천연갱신이 가능한 수준에 이르는 동안 기존에 수행해오던 은총의 숲 내 식물(나무, 풀)의 종자채집, 파종, 양묘, 이식은 계속 병행해야 할 것이다.

수분이용효율이 높은 수종 활용

임학(林學)에는 '적지적수'라는 개념이 있다. 나무가 살기에 적합한 땅에 심는 것, 다시 말해 그 땅에 살기에 적합한 나무를 택하여 심어야 한다는 의미이다. 몽골의 건조지역은 물이 제1의 제한요소이다. 따라서 같은 양의 물을 더 효율적으로 이용하여 생명 활동할 수 있는 수종이 건조지역에 적합한 것이라 할 수 있겠다. 포플러류나 유칼립투스류는 생장을 빨리하는 대신 많은 물을 필요로 한다. 자칫 단기간 눈에 보이는 성과를 좇느라 이러한 수종을 앞세워 조밀하게 조림하게 될 경우 훗날 지하수위를 높여 토양 내 염도를 높이는 부정적 영향을 초래할 수 있다. 토양 내 염도가 높아지면 결국 나무가 염해(鹽害)를 입게 된다. 반면 비술나무나 구주적송의 경우 생장은 다소 느리지만 수분이용효율은 높아 건조지 조림에 적합하다. 이렇듯 수종별 생장 및 수분이용효율 등 생리적 특성을 고려하여 은총의 숲에 적합한 수종을 선발하여 발굴해가는 과정이 필요하리라 생각한다.

숲 변화에 대한 과학적인 모니터링

은총의 숲이 조성됨에 따라 토지의 피복이 변화하면 숲속 미기상 특성과 토양환경도 변화한다. 이는 미얀마의 건조지 내 조림복원 사업지에서 수행한 연구[9]에서도 확인되었다. 사후 모니터링을 통한 과학적인 데이터의 축적은 그간의 효과를 종합적으로 분석하여 앞으로 나아갈 길을 정하는 의사결정과정에 주요한 참고자료로 활용될 수 있을 것이다. 그리고 모니터링 결과 분석 내용을 포함하여 은총의 숲 생태 교재를 개발하면 은총의 숲을 방문하는 몽골 내외국민의 교육자료로도 활용할 수 있을 것이다.

생물다양성을 고려한 숲 가꾸기로 회복력 증진

다양한 종의 씨앗을 뿌리고 나무를 심는 것은 숲의 지속가능성과 회복력 증진과 매우 밀접한 관련이 있다. 유전적 특성이 동일한 삽목의 밀도 있는 식재를 지양해야 하는 이유이기도 하다. 종자와 나무의 이력 관리[10]를 엄밀하게 할 수 있는 역량을 강화하게 된다면 외부로 복원 재료, 즉 종자와 나무를 공급할 때에 신뢰도를 제고할 수 있고, 향후 관리방

---

9 박고은 등. 2016. 「미얀마 건조지에서 주요 조림 수종의 생장과 생리적 특성 및 조림이 건조지의 미세 기상변화에 미치는 영향」, 『한국농림기상학회지』 18(4): 327-336. (자세한 내용은 부록에 수록).
10 기존 식재 나무에 대한 이력 정리, 표식; 종자 채취목 고유번호, 채취시기, 채취량, 파종시기, 파종량; 생존율; 이식시기; 생존율 등 기록

법을 수정·보완할 때에 유용한 데이터를 생산하는 기반을 마련할 수 있게 된다. 믿을 만한 복원 재료를 인근 마을이나 타기관에 공급함으로써 그들과 함께 은총의 숲을 확장해가는 가는 것은 어떨까?

박사 논문 연구를 위해 홀로 몽골에 머물며 양묘장에 있는 비술나무 작은 잎을 광합성 기기에 물려 측정하느라 전전긍긍하던 때의 일이다. 광합성 측정기기를 다루는 것도 워낙 까다로운 일이었는데 게다가 양묘장의 전력공급이 원활하지 않아서 어려움이 많았다. 두 시간 가량에 걸쳐 가까스로 기기를 안정화하고 측정을 시작하려는데 전기가 끊기기 일쑤였다. 그럼 전기가 들어올 때까지 기다렸다가 기기를 안정화하는 작업부터 다시 시작해야 했다. 그렇게 애써서 측정한 값은 하루에 열 개도 채 되지 않을 때가 많았다. 회의감이 몰려왔다. 과연 내가 이 작은 나무의 이파리에서 광합성능력을 측정한다고 뭐가 달라지겠는가. 사막화 방지에 무슨 도움이 된단 말인가. 이 일을 그만두어야겠다고 생각하던 차에 기환연에서 은총의 숲 방문차 몽골에 오셨다기에 인사드리러 갔다가 양재성 목사님께 내가 겪고 있는 어려움에 대해 푸념하였다. 그때 목사님이 이야기해주신 우화는 곧 포기하려던 나의 일을 지속하게 하는 힘을 더해주었다.

어느 우거진 숲에 큰 불이 났다. 그 숲에 살던 온갖 짐승들이 숲을 부리나케 떠나고 있는데, 크리킨디라는 작은 새는 그곳을 떠나지 않고 인근 물가에서 물을 머금어 불 난 곳에 옮기고 있었다. 몸집도 작은 새가 작은 부리로 나르는 물은 큰 불을 끄는 데 소용없었으리라. 그 모습을 본 다른 동물들이 어서 피하라고, 무슨 소용이 있겠느냐고 했다. 그때 크리킨디가 말했다. "나도 내가 저 불을 끌 수 없다는 걸 알아. 하지만 이곳은 나와 내 가족, 친구들이 살던 곳이고 아직 빠져나오지 못한 이들도 있을 거야. 그렇기 때문에 등지고 갈 수가 없어. 내가 지금 할 수 있는 최선의 일을 할 뿐이야."

크리킨디의 마음으로 지금 할 수 있는 최선의 일을 하는 것. 기후변화와 토지 황폐화라는 거대한 과제 앞에 금세 괄목할만한 성과가 보이지 않을 때 우리를 압도하려는 무력감과 회의감을 극복할 수 있는 열쇠가 되어줄 수 있지 않을까? 은총의 숲을 가꾸어가는 일도 그러한 마음으로 차근차근 함께 해나갔으면 좋겠다.

<자 료 1>

은총의 숲과 관련한 주요 생태개념 정리
(개념을 함께 이해/공유하기 위해 다음과 같이 정리하고 의견을 더해보았습니다)

지속가능한 숲생태계(sustainability) 가꾸기(*management*), 천연갱신(*natural regeneration*), 적응(*adaptation*), 회복력 있는 숲(*resilience*), 생물다양성 (*biodiversity*)

* 가꾸기/관리(management):
창세기 11장28절 말씀(하나님이 그들에게 복을 베푸셨다. 하나님이 그들에게 말씀하시기를 '생육하고 번성하여 땅에 충만하여라. 땅을 정복하여라. 바다의 고기와 공중의 새와 땅 위에서 살아 움직이는 모든 생물을 다스려라' 하셨다)에 따라 은총의 숲의 management는 하나님이 만드신 피조물이 본연의 모습대로 땅에 충만할 수 있도록 돕는 일이 되어야 한다고 생각합니다.

*천연갱신(natural regeneration):
식물에 열린 씨앗이 땅에 떨어져 싹을 틔우고 다음 세대 숲을 이루는 전 과정. 몽골과 같은 황폐지에서 천연갱신이 가능하려면, 나무가 실한 열매를 맺어야 하며, 어렵게 싹이 튼 어린나무를 훼손하지 않아야 합니다. 때론 나무와 생육 경쟁하는 나무를 옮겨 심어주거나 풀을 베어주는 등 섬세한 손길이 필요합니다.

*적응(adaptation):
긍정적인 기회는 살리고 피해와 손실을 예방하고 저감하기 위한 활동을 일컫는 말

*숲의 회복력(resilience of forest):
기후변화, 병충해, 산불(wildfire) 등의 요인에 노출되더라도 다시 건강한 숲을 이룰 수 있는 능력

*생물다양성(biodiversity):
 유전적 다양성, 종 다양성, 생태계 다양성을 포함하는 개념으로 숲을 가꾸어
 갈 때에 생물다양성을 고려해야 숲이 회복력을 지닐 수 있게 되고 지속가능할
 수 있게 됩니다.

*유전적 다양성(genetic diversity):
 같은 종 내에서의 유전적 변이를 의미합니다. 은총의 숲 내에 있는 포플러나무
 들이 각각 지니고 있는 유전적 특성이 다양하면 병충해에 대한 내성도 다양해
 질 수 있습니다.

*종 다양성(interspecific diversity):
 종 구성의 다양성을 의미합니다. 여러 종류의 나무/풀로 이루어진 숲, 식물뿐
 아니라 지하/상에 서식하거나 오가는 크고 작은 동물이 많을수록 종 다양성이
 높아집니다.

*생태계 다양성(ecosystem diversity):
 가령 사막, 어린 숲, 오래된 숲, 성긴 숲, 우거진 숲과 같이 구조적 다양성, 전 지구적
 단위 혹은 한 지역(몽골) 내의 생태계 유형의 다양성을 의미합니다.

<자료 2>

미얀마 중부지역 건조지 연구

미얀마 중부지방에 위치한 바간(Bagan)은 지난 10년간(2005~2015) 평균
연강수량이 약 600mm에 지나지 않는 건조지역으로 산불, 지역 주민의 방목
및 연료목 사용[11] 등으로 인한 산림 훼손이 심각한 지역이다. 이에 훼손된 건조
지의 복원을 위한 노력의 일환으로 조림 사업이 진행되고 있다.

2015년, 필자는 ① 이 지역의 주요 조림 수종을 대상으로 수분이용효율이 양
호하여 조림에 적합한 수종을 선발하고, ② 조림이 해당 지역의 미세 기후변
화에 미치는 영향을 구명하기 위한 연구를 수행했다.

---

[11] 사원을 짓기 위해 붉은 벽돌 굽는 일에 나무를 연료로 사용한 것이 숲의 급격한 쇠퇴의 주요
원인 중 하나이다.

그 결과 ① 주요 조림 수종(*Azadirachta indica, Acacia catechu, Eucalyptus camaldulensis, Acacia leucophloea, Albizia lebbek*) 중에 수분이용효율이 상대적으로 높은 수종은 *A. indica*와 *A. lebbek*였으며, *E. camaldulensis*은 수고 생장이 좋은 반면 수분이용효율이 가장 낮았다.

또한 ② 조림은 지표 온도와 대기 중 건조도를 낮추고 지표에서의 직접적인 증발을 막아줌으로써 토양 내 수분 보존에 기여하는 것을 확인할 수 있었다.

전광노출지(왼쪽)와 Ngalinpoke 산지에 2005년 조림된 *A. indica*(영명: Neem) 숲을 대상으로 미세기상특성을 측정했다.

하나님의 선교와 창조신학의 관점에서 본
'은총의 숲' 사역*

정승현
주안대학원대학교 교수, 선교학

1. 시작하는 말

2010년 10월 6~9일에 싱가폴한인교회에서 제1회 케노시스 컨퍼런스가 개최되었다. 이 대회에는 4명의 인도네시아 신학교 학장들과 1명의 교수 그리고 2명의 말레이시아 신학교 학장들과 더불어 인도네시아에서 사역하는 한인 선교사 여러 명이 참여했다. 나흘 동안 진행된 대회에서 인도네시아와 말레이시아의 다양한 선교 이슈들이 논의되었는데, 그중에 칼리만탄 남부의 주도 반자르마신(Banjarmasin)에 소재하는 칼리만탄복음주의신학교(STTGKE)의 학장인 끼누룽(Kinurung Maleh Maden)의 발제는 많은 참가자들의 주목을 받았다. 칼리만탄의 다약(Dayak) 족속인 그는

---

* 본고는 선교신학 67(2022):121-142에 게재된 글을 수정, 보완한 것이다.

언제부터인지 자신의 삶의 터전이 개발의 명목 아래 무참하게 훼손되고 있다고 말하면서, "칼리만탄에서는 지역 주민에 대한 불의와 자연의 착취 사이에 분명한 관계가 있다"[1]고 발표했다. 그는 구체적으로 세 가지 정황을 언급했는데, 첫째는 금광 개발과 그로 인해 오염되는 칼리만탄의 강들이고, 둘째는 대규모 야자유 농장의 개간과 이로 인한 토지의 산성화와 황폐화였으며, 마지막은 심각한 삼림 벌채와 빈부 격차의 심화이다. 그러나 동시에 끼누룽은 자신의 칼리만탄복음주의교단(GKE)이 칼리만탄에서 가장 크고 가장 오래되었으며 매우 사회참여적인 특성을 가지고 있음에도 불구하고, 생태선교에 거의 참여하지 못했음을 고백했다.[2]

비단 인도네시아뿐만 아니라 아시아와 아프리카 그리고 중남미의 수많은 지역에서 산업과 개발의 명목 아래 창조세계는 파괴되고 신음하고 있다. 김도훈은 "자연은 하나님의 피조물이며, 하나님의 것이기 때문에 하나님의 형상인 인간은 창조의 보전을 위해 노력해야"[3] 한다고 강조하지만, 많은 경우 기독교인들은 창조세계가 파괴될 때 비기독교인들과 별다른 차이 없이 무관심을 보이거나 수동적으로 대처하는 것을 볼 수 있다. 이에 호프대학교(Hope College) 생태신학자인 보우머-프레디거(Steven Bouma-Prediger)는 "기독교 전통에서 영혼과 몸, 정신과 물질의 이원론을 강조한 것이 지구를 하찮게 여기고, 나아가 남용하고 착취하는 일을 허용하게 된 원인이다"[4]

---

1 Kinurung Maleh Maden. "Eco-Empowerment and Christian Mission," 「싱가폴한인교회 제1회 케노시스 컨퍼런스 자료집」, 2010, 162.

2 위의 책, 163.

3 김도훈. 『생태신학과 생태영성』(서울: 장로회신학대학교출판부, 2009), 29.

4 Steven Bouma-Prediger. *For the Beauty of the Earth.* 김기철 역. 『주님 주신 아름다운 세상』(서울:

라고 말하면서 근본적인 문제는 신학적이고 선교학적인 것임을 알려준다. 즉 삼위일체 하나님을 어떻게 이해하는지 그리고 그것에 근거하여 기독교 선교의 방향을 어떻게 설정하는지와 창조세계의 보존은 밀접하게 연관되어 있는 것이다. 이러한 맥락에서 본고는 몽골에서의 '은총의 숲' 사역을 하나님의 선교와 창조신학의 관점에서 검토하고 그 선교학적인 함의를 모색하고자 한다. 이를 통해 한국선교가 기존의 전통적인 선교 방식과 더불어 창조세계에 청지기 책임을 감당하는 생태선교에도 주목하고 실천하기를 기대해 본다.

2. 하나님의 선교에 대한 동향 분석

본격적으로 은총의 숲 사역을 논의하기에 앞서, 하나님의 선교에 대한 최근 동향을 간략히 살펴보고자 한다. 주지하는 바와 같이, 1952년 빌링겐 IMC(International Missionary Council)는 선교가 교회의 프로그램이나 프로젝트가 아니고, 삼위일체 하나님의 본성에서 흘러나오는 것이라고 선포했다.

우리가 속한 선교 운동은 삼위일체 하나님 자신 안에 그 근원이 있다. 성부께서는 우리에 대한 깊은 사랑에서 만물을 자기와 화목하게 하시려고 자기의 사랑하는 성자를 보내셨으니, 이는 우리와 모든 사람이,

---

복있는 사람, 2011), 131.

성령을 통하여, 하나님의 본성인 완전한 사랑 안에서 성부와 하나가
되게 하려 함이라.[5]

오랫동안 기독교에서 선교는 교회나 선교단체가 주체가 되어 진행하
는 것으로 이해했다. 단순화시켜 말하자면, 선교는 교회 혹은 선교단체
가, 성경의 특정 구절에 의거하여, 특정한 선교사들을 해외로 보내서,
프로그램 혹은 프로젝트로 진행하는 것이었다. 그러나 빌링겐 IMC에서
는 선교가 사랑, 공의, 은혜 그리고 거룩 등과 마찬가지고 삼위일체 하나
님의 본성(the very nature of God)임을 천명했다. 이럴 때 선교는 더 이상
교회가 주체가 되어 프로그램이나 프로젝트로, 특정인에 의해, 해외에서
진행하는 것으로만 한정 지을 수 없다. 대신 하나님의 선교적 본성은
교회의 본질이므로, 그것은 모든 성도에 의해, 교회 안과 밖에서, 삶으로
나타나야 하는 것이다.[6] 이와 같이 교회를 제도적이고 전통적으로 이해
하기보다는 하나님의 선교적 본성을 교회의 DNA로 인지하는 선교적 교
회(missional church)는 한국기독교에서 교단을 초월하여 다양한 논의와 실
천들이 이루어지고 있다.

그러나 이 하나님의 선교 개념에 대해 21세기에 몇 가지 비평적 논의가
진행되고 있다. 먼저, 삼위일체 하나님의 선교적 본성에 대한 논의는 교회와
의 연관성보다 삼위일체 하나님 자체에 대한 연구로 발전되어야 한다는 주장

---

5 Norman Goodall, ed., *Missions under the Cross* (London: Edinburgh House Press, 1953), 189.
6 주안대학원대학교 편. 『선교하는 교회에서 선교적 교회로』 (인천: 주안대학원대학교출판부, 2021),
  17-18.

이다. 백충현은 다음과 같이 말한다.

> 미시오 데이 개념은 처음부터 주로 미시오 에클레시아이(*missio ec-clesiae*) 개념과 관련하여 접근된다. 빌링겐의 제안은 하나님 중심이 아니라 교회 중심의 진술을 여전히 하고 있기에 기본적으로 교회론적이다. 이렇기 때문에 빌링겐의 제안이 하나님 또는 삼위일체 하나님에 관하여 많이 얘기하지 않고 있는 주된 이유들 중의 하나이다.[7]

다시 말해, 빌링겐 IMC에서는 선교가 삼위일체 하나님의 본성임을 선언하면서 선교의 정의와 주체에 획기적인 전환을 가져왔지만, 그것은 하나님의 선교적 본성 자체에 대한 연구보다는 곧바로 교회의 정체성과 역할에 대한 논의로 발전되었다. 이로 인해, 하나님의 선교적 본성을 삼위일체의 담론에서 풀어가는 것은 미약했고, 오히려 새로운 교회론을 정립하는 것으로 진행되고 있다. 이런 맥락에서 백충현은 하나님의 선교개념이 삼위일체 하나님 자체 내에서 논의되어야 함을 역설한다. "우리는 미시오 데이 개념에 아주 다르게 접근할 필요가 있다. 즉, 이 개념에 일차적으로 미시오 에클레시아이(*missio ecclesiae*) 개념과의 연관성에서가 아니라 프로세시오 데이(*processio Dei*) 개념과의 연관성에서, 즉 삼위일체 하나님의 발출/출원과의 연관성에서 접근해야 한다."[8]

---

7 백충현. "'미시오 데이(missio Dei)' 개념에 대한 비판적 분석: 삼위일체적 이해를 위한 제언," 「미션네트워크」 9(2021): 71.

8 위의 글, 83.

한편, 채수일은 빌링겐 IMC 50주년을 기념한 *International Review of Mission*(2003)에서 한국기독교를 하나님의 선교 관점에서 전반적으로 검토한 후, 물질과 타종교 두 부분에 대한 연구가 미비하다고 평가한다. 그에 의하면, 20세기 후반기에 한국기독교는 복음주의와 에큐메니칼, 보수와 진보 그리고 영혼 구원과 사회참여의 대립 가운데 있었는데, 그러한 흐름은 21세기에 들어서면서 점차적으로 약해지는 반면 새로운 양극화가 등장했다. 그것은 바로 가난한 교회와 부자 교회인데, 이것에 대해 하나님의 선교 관점에서 대안을 제시하지 못하고 있다. 또한 채수일은 기독교가 불교와 단군교 등과 갈등을 예로 들면서 하나님의 선교가 타종교에 대해 보수적이고 공격적인 접근 이외에 어떤 대안이 있는지 연구가 필요하다고 강조한다.[9]

마지막으로, 하나님의 선교에서 보다 신학적이고 선교학적인 문제는 예수 그리스도를 거의 구원론에 한정시켜 조명하고 있다는 점이다. 몰트만(Jürgen Moltmann)에 의하면, 성자 하나님은 창조의 근거이며 중심이다.

> 그리스도는 세 가지 면에서 신적이며 따라서 끝이 없고 창조의 근거 (Grund)이다: 1. 모든 것은 하나님에 의하여 "그를 통하여" 창조되었고 그를 통하여 그들의 형식들과 그들의 사귐을 발견한다. 2. 모든 것은 하나님에 의하여 "그 안에서" 확고하게 되었으며 그들 안에 있는 그의 현존을 통하여 카오스의 위협에 대항하여 그들의 현존의 삶이

---

9 Chai, Soo-il. "Missio Dei-Its Development and Limitations in Korea." *International Review of Mission* Vol. XCII. No. 367 (2003/Oct): 543-545.

유지된다. 3. 모든 것은 "그를 향하여", 다시 말하여 그분 때문에 창조되었고 그를 기다린다.[10]

동전의 앞뒷면과 같이, 창조론과 구원론은 나뉠 수 없음에도 불구하고, 그동안 하나님의 선교에 관한 논의는 기독론에서 주로 구원론에 초점을 맞추고 진행되었다. 보프(Leonard Boff)도 "지배적인 그리스도교 신학은 창조의 신비를 깊이 다루지 않았다. 역사적·제도적 이유 때문에 구원의 신비에 더 큰 관심을 쏟았다"[11]라고 말하면서 기독교 신학이 구원론에 비해 창조론에 대한 연구가 미진했음을 지적한다. 이제 이러한 하나님의 선교 개념의 발전과 제한점을 이해하면서, 은총의 숲이 지니고 있는 선교학적 함의와 전망을 살펴보고자 한다.

3. 은총의 숲의 선교학적 함의와 전망

몽골의 황량한 사막에서 시작된 은총의 숲 조성 사업은 기후위기의 시대에 한국선교와 선교학을 향해 신선한 대안을 제시한다. 이는 앞 장에서 검토한 하나님의 선교에 대한 최근 논의에 하나의 실제적인 답변이

---

10 Jürgen Moltmann. Der Weg Jesu Christi. Christologie in Messianischen Dimensionen, 김균진·김명용 공역, 『예수 그리스도의 길: 메시야적 차원의 그리스도론』(서울: 대한기독교서회, 1989), 401.

11 Leonardo Boff. Ecologia Mundlaliza Ção Espiritualidade. 김항성 옮김. 『생태신학』(서울: 가톨릭출판사, 2013), 71.

될 수 있기 때문이다. 기존의 한국선교가 예수 그리스도의 구원론과 연관하여 교회개척과 신학교 사역 그리고 제자훈련에 초점을 맞추었다면, 은총의 숲은 그분이 구원자인 동시에 창조자임을 구체적으로 전파하고 있다.

1) 몽골과 은총의 숲 현황

2018년 10월 1~6일에 인천에서 개최되었던 기후변화에 관한 협의체(Intergovernmental Panel on Climate Change, IPCC) 48차 총회에서 「지구 온난화 1.5℃ 특별보고서」가 195개 회원국 만장일치로 승인되었다. 이 보고서의 핵심 내용은 전 세계가 함께 노력하여 2030년까지 이산화탄소의 배출량을 최소 45% 감축하고 2050년까지는 순제로 배출을 달성하여, 2100년까지 지구의 평균온도 상승 폭을 1.5℃ 이하로 억제하는 것이다. 이것은 탄소 배출량을 산업화 시대 이전으로 회귀하는 것을 의미하는데, 이 계획에 대해 이미 많은 이들이 의구심을 표명하고 있다. 지구의 평균 표면 온도(global mean surface temperature, GMST)는 1850~1900년에 비해 2006~2015년에 약 0.87℃ 상승했고(0.75~0.99℃), 최근에는 10년에 약 0.2℃씩 계속해서 상승하고 있다.[12] 이러한 상황이 계속되면, 2050년에는 1.5℃, 2100년에는 무려 2.5℃가 상승하게 된다.

몽골은 이러한 IPCC의 우려와 예측보다 훨씬 심각한 상황에 직면해 있다. 바다가 없는 몽골은 지구 온난화로 인해 그나마 있던 강과 하천마저도 급속히 사라지면서[13] 1975~2015년 사이 몽골 초원의 연평균 기온

---

12 IPCC. *Global Warming of 1.5℃*, 기상청 역, 「지구 온난화 1.5도」, 2018, 6.

은 1.73℃나 상승했고, 연간 강수량은 5.2% 감소했다.[14] 이로 인해 몽골의 사막화는 더욱 심화되어 사막의 면적이 국토의 46%에서 무려 78%까지 확대되었고, 그 결과 식물의 3/4이 멸종하게 되었으며, '환경난민'이 무려 30만에 이르고 있는 실정이다.[15] 이들은 자신들의 삶의 터전을 버리고 주로 수도인 울란바토르로 이주하게 되었고, 그로 인해 2010년 1,100,000명이었던 울란바토르의 인구는 2022년 현재 1,644,544명으로 급증하게 되었다.[16] 즉 2022년 몽골 전체 인구 3,368,832명의 절반이 한 도시에 거주하고 있는 것이다.[17]

겨울이 6개월, 여름이 2개월이며 연강수량이 200mm 이하인 몽골의 척박한 환경에서는 묘목(苗木)의 경우 일반적으로 고사율이 70%에 이른다. 이런 상황에서 은총의 숲은 처음부터 비닐하우스에서 자란 수목을 묘목하지 않았고, 대신 나무를 심어서 키우는 방식을 채택했다. 총 면적 300,000㎡(30ha) 토지를 30년간 임대하여 2009년부터 현재까지 소나무, 자작나무와 같은 일반 수목(樹木)과 사과나무, 비타민 나무, 차차르간과 같은 과실수 등 모두 11종 28,000주를 혼합하여 식재(植栽)했다. 이는 나무도 서로 도움을 주며 성장하는 원리를 활용한 것이다.

---

13 2007년 기준으로 강 852개, 하천 2,277개, 호수 1,181개, 우물 60개 감소가 감소했다. 「몽골 은총의숲 10주년 기념 세미나 자료집」, 2019, 3.

14 강찬수. "발원지 몽골 기온 1.7도 상승, 사막화 더 심해졌다." 「중앙일보」, 2021.03. 30. https://www.joongang.co.kr/article/24023275#home (2022년 4월 29일 검색).

15 이 부분은 몽골에서 은총의 숲을 총괄하고 있는 최재명 교수와의 화상 대화를 정리한 것이다.

16 https://worldpopulationreview.com/world-cities/ulaanbaatar-population (2022년 4월 24일 검색).

17 https://worldpopulationreview.com/countries/mongolia-population (2022년 4월 24일 검색).

2010년대 초 아르갈란트, 은총의 숲[18]

2021년 6월 아르갈란트, 은총의 숲[19]

---

18 기환연 홈페이지. "몽골 사막화 방지를 위한 '은총의숲'사업보고 2009~2014,"
　　https://greenchrist.org/forest/?uid=2795&mod=document&pageid=1&key-
　　word=%EC%9D%80%EC%B4%9D&uid=3263 (2022년 4월 24일 검색).
19 기환연 홈페이지. "6월 몽골 은총의 숲,"
　　https://greenchrist.org/forest/?uid=2795&mod=document&pageid=1 (2022년 4월 24일 검색).

〈2014년까지 연도별 양묘(養苗), 삽목(揷木) 현황표〉[20]

지역		09	10	11	12	13	14	합계
바양노르	양묘(kg)	·	·	·	·	·	·	·
	삽목(그루)	·	2,500	·	·	·	·	2,500
바트슘베르	양묘(kg)	15	·	3	25	·	5	48
	삽목(그루)	·	1,000	1,300	1,700	·	·	4,000
아르갈란트	양묘(kg)	·	·	·	12	2	·	14
	삽목(그루)	·	3,400	1,500	4,000	3,000	3,000	14,900
합계	양묘(kg)	15	·	3	37	2	5	62
	삽목(그루)	·	6,900	2,800	5,700	3,000	3,000	21,400

2009년 한화 2,000만 원으로 시작된 은총의 숲은 2022년 현재 매년 4~5천 그루의 수목을 생산하고 있고, 현재까지 모두 약 28,000그루를 생산했다. 이 나무들은 우선적으로 아르갈란트의 녹화 작업에 사용하고 있고, 일부는 몽골의 다른 지역으로 보내고 있다. 아울러서 차차르간(비타민), 레드커런트, 야생사과 등과 같은 비타민 열매가 소출되어 겨울감기를 예방하는 약으로 상용되기도 하고, 비타민 열매 음료로 만들어 슈퍼마켓에서 판매되기도 한다.[21]

한편, 은총의 숲은 현지인들과의 동역이 필연적인 만큼, 유목민이었

---

20 기환연 홈페이지. "몽골 사막화 방지를 위한 '은총의 숲 사업보고 2009~2014," https://greenchrist.org/archieve/?mod=document&pageid=1&keyword=%EC%9D%80% EC%B4%9D&uid=3263 (2022년 4월 25일 검색).

21 https://greenchrist.org/forest/?uid=2798&mod=document&pageid=1 (2022년 4월 24일 검색).

던 그들이 한곳에 정착하여 자립할 수 있도록 처음부터 양돈과 양계 사업을 병행했다. 이것은 현지인들의 생활에 도움을 주는 것은 물론이고, 수목에 퇴비로도 사용되므로 일거양득의 효과를 보았다. 아울러서 지역 주민에게 계속해서 농업기술을 교육하여 그들로 하여금 자신의 고향을 지키도록 했다. 이러한 방향은 2020년부터 본격적으로 아르갈란트에 '생태교육 센터'의 건립을 추진하기에 이르렀다.

〈2014년까지 연도별 양돈 및 양계 현황표〉[22]

년도	사업
2011년	양계(병아리 600마리)
2012년	양계장 건축(30평), 닭 500수 구입(암440/수60), 양돈장 건축(49평, 15두)
2013년	축사 신축(양돈 새끼 사육장), 양돈 판매 32두, 지역 주민 교육
2014년	양돈 판매 90두, 지역 주민 교육

2) 사귐의 창조신학

임희모는 은총의 숲 사역 초기에 그것이 갖는 선교적 함의에 대해서 다음과 같이 기술한다.

선교는 "하나님의 창조질서를 보전하고 지구 생태계를 살릴 수 있으

---

22 기환연 홈페이지. "몽골 사막화 방지를 위한 '은총의 숲 사업보고 2009~2014," https://greenchrist.org/archieve/?mod=document&pageid=1&keyword=%EC%9D%80%EC%B4%9D&uid=3263 (2022년 4월 25일 검색).

며 몽골의 초록화로 사막화를 저지하며 황사를 줄일 수 있다"는 확신 위에 진행된다. … 이러한 노력을 통하여 몽골에 수자원을 보전하고 약초와 산채로써 몽골 주민 경제에도 도움을 주게 되며 녹지 공간 확대로 삶의 질을 높여줄 것을 기대한다. 이러한 다양한 기여를 통하여 몽골과 세계는 한국교회에 대한 신뢰감을 얻을 수 있을 것이고 한국교회는 선교적 기반을 형성할 수 있을 것이라는 것이다.[23]

위의 내용을 세 가지로 요약하면, 그것은 하나님의 창조질서 보전, 몽골인의 경제에 도움 그리고 한국선교의 토대 형성이다.[24] 먼저 은총의 숲은 하나님의 창조와 밀접하게 연관되어 있다. 전술한 바와 같이, 예수 그리스도는 구원자인 동시에 창조자이고 기독교 선교는 바로 이 사실을 증거하는 것이다. 몰트만에게 창조신학은 삼위일체론과 밀접하게 연결되어 있는데, 그 연결고리의 핵심은 하나님의 사귐(Gemeinschaft)이다.[25] 몰트만에게는 그 순서가 중요하다. 먼저 삼위일체 하나님 내에 사귐이 있고 하나님께서는 그 관계성의 양식(pattern)으로 세상을 창조하시고 관계를 형성하신다. "풍부한 삼위일체 하나님의 내적 사귐으로부터 오며, 이 사귐을 인간에게 열어 준다."[26]

---

23 임희모. "몽골의 사막화방지 생태선교: 기독교환경운동연대의 '은총의 숲' 프로젝트를 중심으로," 「한국기독교신학논총」 71(2010): 300.

24 임희모는 은총의 숲에 관한 다른 논문에서는 창조질서라는 표현대신 온난화 억제와 사막화 방지를 언급하고 있다. 임희모. "몽골 '은총의 숲' 생태선교: 북한 산림녹화 생태선교에 주는 함의." 「선교와 신학」 27(2011): 59를 참조하라.

25 Jürgen Moltmann. *Gott in der Schöpfung: Ökologische Schöpfungslehre*, 김균진 옮김, 『창조 안에 계신 하나님: 생태학적 창조론』 (서울: 대한기독교서회, 2017), 18.

몰트만의 삼위일체론을 이해하는 데 중요한 개념은 페리코레시스(Perichoresis)이다. 그는 먼저 터툴리안의 한 실체·세 인격(una substantia-tres personae)의 전통을 받아들여 한 실체 안에 세 인격이 실재한다고 주장한다. "삼위일체의 인격들은 공통된 신적 본성 가운데에서 실재하며(subsistieren) 그들의 상호 관계에서는 실존한다(existieren)."[27] 그리고 이 세 인격은 영원한 순환(circumincessio)을 이루며 존재한다.

삼위일체 되신 하나님 안에서 영원한 삶의 과정이 능력들의 교환을 통하여 일어난다. 아버지는 아들 안에서 존재하고 아들은 아버지 안에, 아버지와 아들은 성령 안에 존재한다. 그리고 성령은 아버지와 아들 안에 존재한다. 이들은 너무도 깊이 서로 상대방 안에서 살며 영원한 사랑의 힘으로 거하기 때문에 하나이다.[28]

마지막으로 삼위일체 하나님의 순환과 비슷하게 세 인격들은 상호 표출(Manifestation)의 과정을 갖는다. "삼위일체의 인격들은 서로 상대방 안에서 존재하고 살 뿐만 아니라 신적인 영광 가운데서 서로 자신을 표현하기도 한다. … 삼위일체의 인격들은 영광을 통하여 서로 그리고 함께 자신을 비춘다."[29] 신옥수는 삼위일체 하나님의 세 인격이 "상호 순환

26 Jürgen Moltmann. *Der Geist des Lebens: Eine ganzheitliche Pneumatologie*, 김균진 옮김, 『생명의 영: 총체적 성령론』 (서울: 대한기독교서회, 2017), 335.

27 Jürgen Moltmann. *Trinität und Reich Gottes. Zur Gotteslehre*, 김균진 옮김, 『삼위일체와 하나님의 나라』 (서울: 대한기독교서회, 2017), 273.

28 위의 책, 275.

(mutual reciprocity), 상호 내주(mutual indwelling) 그리고 상호 침투(mutual interpenetration)"하는 의미로 페리코레시스를 정리하면서, 서로와 함께, 서로를 위해 그리고 서로 안에서 친밀하게 실존함으로써 삼위일체 하나님의 고유하고 통합적인 통일성을 형성한다고 종합한다.[30]

이 삼위일체 하나님의 페리코레시스가 세계와 관계를 가질 때 그 내주 방식에서 차이가 있다. 삼위일체 하나님께서는 스스로 완전한 분이시므로 유한한 이 세상이 필요치 않으신다. 그러나 그분은 창조물과 '사귐'을 갖기 원하시고, 이를 위해 하나님께서는 자발적인 자기 비움의 행동을 통해 스스로를 낮추셨다. "하나님의 자기 낮추심, 곧 그리스도의 십자가에서 정점에 도달하는 '하나님의 자기 낮추심'을 보았다."[31] 하나님께서는 스스로 공간에서 현존을 거두어들이고 제한하시며, 피조물에 유한한 시간을 주기 위해 자신의 영원성도 제한하시고, 더 나아가서 피조물에게 자유를 허락하기 위해 자신의 전지성(omniscience)까지도 제한하신다.[32]

이 삼위일체 하나님의 낮아짐의 창조는 태초에 일회적으로 그치는 것이 아니고, 새 창조가 이루어질 때까지 계속적으로 진행된다. 몰트만은 이를 태초의 창조와 더불어 계속적 창조(creatio continua)와 모든 것을 완성하는 새 창조(nova creatio)로 설명한다. 하나님께서는 인간을 비롯한 피조물과 사귐을 가지고 계속적 창조를 하시는데, 이것은 태초의 창조와 새 창조

---

29 Jürgen Moltmann. *Trinität und Reich Gottes. Zur Gotteslehre*, 김균진 옮김,『삼위일체와 하나님의 나라』(서울: 대한기독교서회, 2017), 277.

30 신옥수.『몰트만 신학 새롭게 읽기』(서울: 새물결플러스, 2015), 59.

31 Moltmann.『창조 안에 계신 하나님』, 141.

32 Moltmann.『삼위일체와 하나님의 나라』, 180-183;『창조 안에 계신 하나님』, 142-150.

와 연관성을 갖는다. 즉 계속적 창조는 한편으로는 태초에 창조된 것을 유지하고 보존하고, 다른 한편으로는 새 창조의 완성을 준비하는 것이다.[33] 몰트만은 신의 초월성만을 강조하는 이신론이나, 혹은 내재성만을 강조하는 범신론과 구별하면서, "세계를 창조한 하나님은 이 세계 속에 거하시며 거꾸로 하나님이 창조한 세계는 하나님 안에 존재한다"[34]고 주장한다.

이러한 창조신학은 하나님의 선교와 분리되지 않는다. 내적으로 사귐이 충만한 삼위일체 하나님은 자발적으로 스스로를 낮추시어 세계를 창조하셨고, 그 안에 내재하시고 동시에 초월하시면서 새 창조에 이르기까지 계속적으로 창조하고 계신다. 그렇다면 그분의 보냄 받은 신실한 자들은 그분의 창조세계를 보존하고 그분의 계속적인 창조에 동참하는 지극히 당연한 일이다. 이런 맥락에서 은총의 숲은 한국선교에 중요한 방향을 제시한다. 지구 온난화로 인해, 하나님이 창조하셨고 내재하시는 몽골은 갈수록 사막화가 진행되어 그곳에 존재하는 하나님의 피조물들이 신음하며 죽어가고 있다. 그러나 임희모가 지적했듯이 "그동안 교회는 전혀 생태적이지 않은 방식으로 살아왔다. 환경 적자 즉 기초 자원의 잠식, 수산 자원의 과잉 남획, 생태계 한계를 고려하지 않은 축산 관행, 삼림 파괴, 바다와 대기 오염 등을 심각하게 만들어 온 방식으로 교회도 살아왔다."[35] 하지만 은총의 숲은 전통적인 선교와 다르게 처음부터 하나

---

33 Moltmann. 『창조 안에 계신 하나님』, 313-316.

34 위의 책, 155.

35 임희모. "몽골 '은총의 숲' 생태선교," 63.

님의 훼손된 창조세계의 보존과 회복에 관심을 가졌다. 이 사역은 NGO
에서 실천하는 일반적인 환경 운동과는 결이 다르게 페리코레시스의 사
귐을 하나님의 창조세계에서 구현하고자 하는 움직임이다. 이러한 사귐
의 운동은 자연스럽게 현지인들과의 동반자 관계로 발전된다.

3) 동반자 선교

오랜 세월동안 기독교 선교는 지구의 북반부에서 남반부로, 서구에서
아시아, 아프리카, 중남미로, 백인에서 유색인종으로 한쪽 방향(one- way)
으로 진행되어 왔다. 이로 인해, 서구 기독교인들은 헌신과 희생 그리고
물질적인 투자에도 불구하고, 1910년 에딘버러세계선교사대회에서 인도의
아자리야(V. S. Azariah) 목사가 말했던 것처럼 선교 현장의 현지인들과 '친
구'가 되는 것에 실패했다. "나의 개인적인 관찰은 유럽인 선교사들과 인도
인 사역자 사이의 관계가 확실한 무관심 그리고 상호 이해와 개방성의 결
여, 또한 진솔한 교류와 친밀함의 부재가 인도 전체를 통해 존재한다는
것을 알게 해주었습니다."[36]
그런데 제2차 세계대전 이후, 많은 국가들이 서구로부터 독립하면서 서구의
본국 교회(Home Church)와 식민지 국가의 신생 교회(Younger Church)의 이분
법적인 구분이 역사 속으로 사라지기 시작했다. 이러한 시대적 상황을 반영하여
1947년 휘트비(Whitby) IMC의 주제는 "순종의 동반자 관계"(Partnership in

---

36 George Robson ed., *The History and Records of the Conference*, 김창운 역, 『에딘버러대회의
역사와 기록』 (서울: 미션아카데미, 2012), 382-383.

Obedience)였고, 1948년 세계교회협의회(WCC)가 암스테르담에서 시작되었으며, 1952년 빌링겐 IMC에서 선교가 교회중심에서 삼위일체 하나님 중심으로 이동하면서 동반자 선교의 근거도 삼위일체 하나님에 두게 되었다.[37] 이런 맥락에서 "하나님의 한분되심(oneness)은 하나님에 관한 근본적인 단어이다. 선교적 동반자 관계라는 면에서, 위의 사실은 우리가 동일한 동반자라는 점을 상기시킨다. 우리 모두는 하나님과 더불어 동반자 관계에 있도록 초청받은 피조물로서 그분 앞에 서 있는 것이다"[38]라는 선퀴스트(Scott Sunquist)의 주장은 적절하다.

모든 선교현장에서와 마찬가지로 은총의 숲에서도 현지인과의 동반자 관계는 필수적이다. 이진형 기환연 사무총장은 결국 은총의 숲이 지속가능하게 하는 것은 몽골인의 몫임을 강조한다. "은총의 숲은 기독교환경운동연대와 한국교회의 창조세계의 온전성을 회복하기 위한 기독교환경운동으로 출발하였지만, 결국 은총의 숲의 미래는 숲의 가치를 인식하고 숲과의 공존을 모색하며 숲을 보호하고 가꾸고자 하는 몽골 사람들의 의지에 달려있기 때문입니다."[39] 국립산림과학원 임업 연구사인 박고은도 은총의 숲 10년을 회고하면서, 이 사역의 지속을 위해 몽골인의 자발성을 힘주어 말한다. 그리고 함께 사역함에 있어서 자본과 기술로 현지인에게 우월감을 갖는 것을 경계하면서 무엇보다도 겸손한 자세로 그들과 동역하며 그들을 섬길 것

37 곽명근. "세계선교대회 속에 나타난 동반자 선교에 관한 연구: 암스테르담 WCC, 빌링겐 IMC, 에반스톤 WCC를 중심으로," 「선교와 신학」 57(2022): 20-26.

38 Scott Sunquist. *Understanding Christian Mission*, 이용원·정승현 옮김, 『기독교 선교의 이해』 (인천: 주안대학원대학교출판부, 2015), 700.

39 「몽골 은총의숲 10주년 기념 세미나 자료집」, 2019, 33.

을 호소한다.[40]

은총의 숲은 사업 초기부터 현지인과 동반자 관계를 형성하면서 농업과 축산 기술을 나누면서 오늘까지 진행하고 있다. 아직 임희모가 주장한 "몽골교회를 파트너로 삼고 연대하는 선교"[41]는 구체화되지 않았지만, 김영동이 지적한 한국선교에서 흔히 대두되는 "우월주의와 배타적 사역"[42] 대신 삼위일체 하나님의 사귐 안에서 몽골인과 동반자 관계를 맺으며 창조세계의 보전을 함께 구현하고 있다. 은총의 숲을 일반적인 구원론의 잣대로 평가한다면, 아직까지 열매가 미비한 것으로 보일 수 있다. 아르갈란트 지역에 아직 교회가 세워지지 않았고, 은총의 숲에 참여하는 현지인들 가운데 회심자의 수는 두드러지지 않는다. 그러나 삼위일체 하나님의 창조와 사귐의 관점에서 은총의 숲을 바라본다면, 한국선교에 주는 울림은 적지 않다. 임희모가 10년 전에 주장했던 "전통적인 교회와 선교사 중심의 선교 방식에서 지역과 주민 중심의 선교로의 전환을 강조하고, 인간 중심 선교에서 인간을 포함한 생명(자연과 우주) 중심적 선교로의 전환"을 은총의 숲은 신실하게[43] 감당하고 있기 때문이다.

---

40 「몽골 은총의숲 10주년 기념 세미나 자료집」, 2019, 20.

41 임희모. "몽골의 사막화방지 생태선교," 313.

42 김영동. "동반자 선교의 신학 정립과 실천적 방향 연구," 「선교신학」 53(2019): 58.

43 임희모. "몽골 '은총의 숲' 생태선교," 63.

4. 맺는 말

이진형은 『그린 엑소더스』에서 오늘날 기후위기는 단순히 환경의 문제가 아니고 인간의 모든 삶과 연관되어 있음을 설명한다. 그것은 "국지적인 가뭄과 홍수의 증가, 농업생산 감소, 해안 저지대 침수, 대규모의 화재, 기후난민과 분쟁 발생, 신종 감염병의 증가, 생물 멸종의 위기를 고조"[44]시킨다. 또한 그는 "기후위기는 그동안 상당량의 온실가스를 배출해온 선진산업 국가들은 계속해서 경제성장의 혜택을 누리지만, 기후위기로 인한 피해는 저개발국가의 약자들이 감당해야 하는 불평등을 심화시키고 있습니다"[45]라고 하면서 경제적인 연관성에도 주목한다. 더 나아가서 기후 문제는 인간에게만 해당되는 것이 아니고 식물과 동물 등 모든 피조물과도 직접적으로 연관되어 있다. 그러므로 기후위기는 기독교인과 비기독교인 모두에게 해당되는 중대한 사안이다. 이런 맥락에서 기후 문제를 선교학적으로 풀어가기 위해서는 전통적인 선교 방식보다 조금 더 포괄적이고 종합적인 접근이 필요하다.

전술한 바와 같이, 기독교 선교는 1952년 빌링겐 IMC 이후 하나님의 선교 시대에도 계속해서 교회 중심적으로 진행되고 있다. 그리고 그 선교 방식은 주로 예수 그리스도의 구원론에 집중되어 있었다. 이 방식은 그 자체적으로 문제점을 내포하기보다는 오늘날 기후위기와 같이 계속해서 변화하고 있는 현장(context)을 담아내기에 제한적이다. 그렇다면

---

44 이진형. 『그린 엑소더스』(서울: 삼원사, 2020), 23.
45 위의 책, 28-29.

이제 선교학은 그것을 담아낼 수 있는 적합한 담론을 제시해야 한다. 즉 예수 그리스도의 구원론과 더불어 창조론의 빛 아래에서 선교를 재조명할 필요가 있는 것이다. 구원론의 관점에서 동반자 선교는 주로 현지 기독교인에 국한되었고, 비기독교인과 동역한다는 것은 그들을 주로 선교의 '대상'으로 간주한다는 것을 의미했다. 그러나 은총의 숲에서 볼 수 있듯이 기후위기 시대에 창조세계의 보존과 회복을 위해서는 기독교인과 비기독교인이 동역하는 것이 가능하다.

물론 기독교 선교의 궁극적인 목적은 일반 NGO의 그것과 다르다. 우리는 예수 그리스도의 복음을 그들에게 증거해야 하고, 그들을 하나님의 나라로 초청해야 한다. 그러나 그것을 가능하게 하려면, 창조신학을 실천하는 것이 필요하다. 하나님의 일련의 창조 행위는 사귐을 위한 것이다. 하나님께서는 세계를 아들을 통하여 창조하셨는데, 이는 인간을 아들과 사귐을 갖도록 하기 위함이셨기 때문이다.[46] 그 창조적 사귐을 구현하고 실천하는 하나님의 선교는 몇 개의 교회 개척, 몇 명의 세례자, 신학교 학생 등 숫자로 평가하는 선교를 넘어서는 것이다. 1952년 빌링겐 IMC에서 기독교 선교의 획기적인 전환이 이루어졌던 것처럼, 은총의 숲은 기후위기 시대에 우리들로 하여금 하나님의 선교에 동참하는 새로운 방안을 제시하고 있다.

---

46 Moltmann. 『삼위일체와 하나님의 나라』, 184.

참고문헌

김도훈. 『생태신학과 생태영성』. 서울: 장로회신학대학교출판부, 2009.

신옥수. 『몰트만 신학 새롭게 읽기』. 서울: 새물결플러스, 2015.

이진형. 『그린 엑소더스』. 서울: 삼원사, 2020.

주안대학원대학교 편. 『선교하는 교회에서 선교적 교회로』. 인천: 주안대학원대학교 출판부, 2021.

Bouma-Prediger, Steven. *For the Beauty of the Earth*. 김기철 역. 『주님 주신 아름다운 세상』. 서울: 복있는 사람, 2011.

Boff, Leonardo. *Ecologia Mundlaliza Çāo Espiritualidade*. 김항섭 역. 『생태신학』. 서울: 가톨릭출판사, 1996.

Goodall, Norman., ed. *Missions under the Cross*. London: Edinburgh House Press, 1953.

IPCC. *Global Warming of 1.5℃*. 기상청 역. 「지구 온난화 1.5도」, 2018.

Moltmann, Jürgen. *Der Weg Jesu Christi: Christologie in Messianischen Dimensionen*. 김균진 · 김명용 공역. 『예수 그리스도의 길: 메시야적 차원의 그리스도론』, 서울: 대한기독교서회, 1990.

_____. *Trinität und Reich Gottes. Zur Gotteslehre*. 김균진 옮김. 『삼위일체와 하나님의 나라』, 서울: 대한기독교서회, 2017.

_____. *Gott in der Schöpfung: Ökologische Schöpfungslehre*. 김균진 옮김. 『창조 안에 계신 하나님: 생태학적 창조론』, 서울: 대한기독교서회, 2017.

_____. *Der Geist des Lebens: Eine ganzheitliche Pneumatologie*. 김균진 옮김. 『생명의 영: 총체적 성령론』, 서울: 대한기독교서회, 2017.

Robson, George., ed. *The History and Records of the Conference*, 김창운 역, 『에딘버러대회의 역사와 기록』, 서울: 미션아카데미, 2012.

Sunquist, Scott. *Understanding Christian Mission*. 이용원 · 정승현 옮김. 『기독교 선교의 이해』, 인천: 주안대학원대학교출판부, 2015.

곽명근. "세계선교대회 속에 나타난 동반자 선교에 관한 연구: 암스테르담 WCC,

빌링겐 IMC, 에반스톤 WCC를 중심으로," 「선교와 신학」 57(2022): 7-41.

김영동. "동반자 선교의 신학 정립과 실천적 방향 연구," 「선교신학」 53(2019): 56-83.

백충현. "'미시오 데이(missio Dei)' 개념에 대한 비판적 분석: 삼위일체적 이해를 위한 제언." 「미션네트워크」 9(2021): 67-90.

임희모. "몽골 '은총의 숲' 생태선교: 북한 산림녹화 생태선교에 주는 함의." 「선교와 신학」 27(2011): 47-77.

_____. "몽골의 사막화방지 생태선교: 기독교환경운동연대의 '은총의 숲' 프로젝트를 중심으로." 「한국기독교신학논총」 71(2010): 295-319.

Chai, Soo-il. "Missio Dei-Its Development and Limitations in Korea." *Internati onal Review of Mission* Vol. XCII. No. 367 (2003/Oct): 538-549.

Kinurung, Maleh Maden. "Eco-Empowerment and Christian Mission." 「싱가폴한인교회 제1회 케노시스 컨퍼런스 자료집」, 2010, 161-195.

강찬수. "발원지 몽골 기온 1.7도 상승, 사막화 더 심해졌다." 「중앙일보」, 2021. 03. 30. https://www.joongang.co.kr/article/24023275#home(2022년 4월 29일 검색).

기환연 홈페이지. https://greenchrist.org/

부록

한국교회 몽골 은총의 숲 조성 사업 연혁

- 2008년 10월 기독교환경운동연대 몽골 황사 발원지 탐방, 4월 은총의 숲 1차 세미나

- 2009년 5월 몽골 울란바토르대학, 사단법인 푸른아시아와 은총의 숲 조성 협약 체결
- 바트슘베르 지역 씨앗 15Kg 파종
- 생태기행 11명 참석

- 2010년 10월 몽골 아르갈란트 지역 은총의 숲 조성 및 기반시설 공사, 4월 은총의 숲 2차 세미나
- 아르갈란트 밀, 감자 농사 시작
- 비양노르 지역 2,500그루 식재, 바트슘베르 지역 1,000그루 식재, 아르갈란트 3,400그루 식재
- 생태기행 60명 참석

- 2011년 7월 아르갈란트 은총의 숲 한국교회센터 개소식, 양계 시작, 6월 은총의 숲 3차 세미나
- 바트슘베르 지역 1,300그루 식재, 씨앗 3Kg 파종, 아르갈란트 1,500그루 식재
- 생태기행 23명 참석

- 2012년 7월 아르갈란트 지자체와 우호와 협력을 위한 협약 체결, 양계장 건축
- 바트슘베르 지역 1,700그루 식재, 씨앗 25Kg 파종, 아르갈란트 4,000그루 식재, 씨앗 12Kg 파종
- 생태기행 39명 참석

- 2013년 아르갈란트 축사 신축, 지역 주민 교육, 8월 은총의 숲 4차 세미나
- 바트슈베르의 나무 4,000그루 아르갈란트로 이식, 아르갈란트 3,000그루 식재, 씨앗 2Kg 파종
- 실무자 조림 현장 답사 3명

- 2014년 5월 은총의 숲 5차 세미나
- 바트슈베르 씨앗 파종, 아르갈란트 3,000그루 식재, 생태기행 13명 참석

- 2015년 6월 은총의 숲 6차 세미나
- 아르갈란트 3,000그루 식재, 구제역 사태로 생태기행 취소

- 2016년 아르갈란트 3,000그루 식재, 실무자 조림 현장 답사 2명

- 2017년 아르갈란트 3,000그루 식재, 생태기행 11명 참석

- 2018년 아르갈란트 양묘장 자체 생산 3,000그루 식재, 씨앗 1Kg 파종, 생태기행 40명 참석

- 2019년 아르갈란트 양묘장 자체 생산 3,000그루 식재, 씨앗 1kg 파종, 생태기행 38명 참석, 관리동 건축 및 생태교육센터 기초공사 시작, 은총의 숲 생태교육센터 기금 모금

- 2020년 1차 장기발전위원회, 2차 장기발전위원회

- 2022년 10주년 도서 제작, 생태교육센터 완공

몽골 '은총의 숲' 사업 개요

1. 사업의 배경

1) 사막화의 위협

① 사막화[desertification, 沙漠化]란?

기후변화, 인간의 영향으로 인해 건조 또는 반건조 지대로 사막 환경이 확장, 침입하는 현상

② 사막화의 원인

◇ 기후적 요인: 가뭄으로 인한 토양 황폐화, 홍수로 인한 토양 침식

◇ 인위적 요인: 과도한 경작, 무분별한 광산업; 과도한 벌채, 과도한 방목, 인구 증가 등

③ 사막화의 피해로 인한 황사의 심화

◇ 황사 발생 빈도 증가(1990년대 년 3회였지만 2000년대 년 12회 이상 발생)

◇ 호흡기 질환, 농작물 생육 저해, 항공기 결항, 야외 활동 장애 등의 피해 유발

◇ 연간 3~5조 원 경제적 피해 추정, 황사의 토양성분으로 인해 중금속 농도가 2~10배 상승

2) 몽골의 사막화 현상

① 현재 국토의 91%에서 사막화가 진행 중

② 2007년 기준으로 강 852개, 하천 2,277개, 호수 1,181개, 우물 60개 감소[1]

3) 사막화 방지를 위한 몽골 '은총의 숲'

① 사막화가 진행되는 지역에 사막화 방지림을 조성하여 사막의 확장을 방지

② 목축에 어려움을 겪는 몽골 주민들을 위해 작물을 재배할 수 있는 농장을 조성

③ 친환경 농법을 보급하여 몽골 주민들이 땅을 관리하는 문화를 갖도록 유도

2. 사업 목표

① 양묘 및 식목을 통한 숲 가꾸기 및 지역 주민을 위한 일자리 창출

② 묘목 생산과 조경, 임산물, 농산물 판매에 따른 수익 확대 및 자립 구조 마련

---

1 한국환경정책·평가연구원, 「동아시아 주요 국가별 기후변화 적응정책 조사」, 연구자료 기후변화 2011-19-170, 한국국제협력단, WORLD FRIENDS, 2011, 18

③ 은총의 숲 생태기행과 연계로 한국 교회와 몽골 간 유대 강화

④ 생태 농업 교육으로 유목민들의 정착을 유도하며 생태마을 조성

⑤ 몽골의 생태적 삶의 방식을 배우고 나누는 생태 영성 공동체
  조성

3. 사업 기간 및 현황

① 총 면적 300,000㎡(30ha) 토지 아르갈란트 솜으로부터 30년 간
  임대

② 2009년부터 현재까지 11종 28,000주의 묘목 식재,

③ 울타리, 양묘장, 관리동, 전기시설, 수도시설

4. 사업 주체

① 기독교환경운동연대(2008년 10월 몽골 황사 및 사막화 발원지 탐방 후,
  사막화 방지를 위한 몽골 '은총의 숲' 사업 진행)

② 한국교회(식목 기금 후원 및 생태기행 참여)

③ 그린실크로드(현지 NGO단체, 은총의 숲 관리 및 식목)

5. 수목 종류 현황

	품종	특징
1	포플러	평균 28m~30m 성장하고 울타리 주변의 방풍림으로 많이 사용하나 물을 많이 먹는 것이 단점이다.
2	비술나무	물을 적게 먹어 울타리 주변 토질이 좋지 않은 곳이나 고비사막 녹화식재용으로 적합하다.
3	짝드(Haloxylon)	사막에 적합한 수종이며 물을 적게 먹는다
4	사와	물이 많은 곳. 우물 옆 토양을 회복하여 주고, 폐수 정화에 탁월, 물을 맑게 해준다.
5	버드나무(salix)	물이 많은 곳. 우물 옆 토양을 회복하여 주고, 폐수 정화에 탁월, 물을 맑게 해준다.
6	소나무	
7	소하이(위성류)	물을 적게 먹고 사막에서 잘 자란다.
8	비타민나무	물을 적게 먹고 토양을 좋게 한다.
9	물 버드나무	실생, 25~30m까지 자라고, 가로수 사용, 삽목 가능.
10	타월간	정원수이며 노란 꽃이 핀다.
11	기타	

5. 사업 효과

① 창조세계의 온전성(Integrity of Creations)을 회복하고 지구의 생태계를 살림

② 사막화의 진행을 방지하여 황사 발생의 양과 빈도를 줄임

③ 숲을 조성함으로 대기 중의 이산화탄소를 흡수하여 기후변화 억제에 기여

④ 방풍림과 과실수를 조림하여 지역 주민들의 경제에 도움을 주고 생태적 농법을 보급

⑤ 지역 환경 개선을 통한 생태선교 사역으로 한국교회 해외선교의 새로운 길을 제시

기후위기 대응과 창조세계 회복을 위한
한국교회 몽골 은총의 숲 조성 사업

내가 광야에는 백향목과 아카시아와 화석류와 돌올리브 나무를 심고,
사막에는 잣나무와 소나무와 회양목을 함께 심겠다(이사야서 41:19).

몽골 은총의 숲 조성 사업은 단순히 나무를 심는 일이 아닙니다. 우리
들의 화석연료 사용이 초래한 기후변화로 인해 사막화의 어려움을 겪는
몽골의 이웃들을 돕는 일이며, 우리의 탐욕으로 파괴된 창조세계를 온전
한 모습으로 회복하여 생태적 정의를 이루는 일입니다. 오늘 우리가 기
도와 정성으로 심는 나무 한 그루는 건강하고 아름다운 '은총의 숲'을
이루어 메마른 몽골 땅을 다시 푸르게 하고, 몽골 이웃들의 삶을 풍요롭
게 하며, 하나님의 창조세계를 회복하는 디딤돌이 될 것입니다.

❖ 지난 이야기

몽골은 기후변화로 인해 전 국토의 90%에서 사막화가 진행 중입니
다. 샘과 시내, 하천이 사라져 풀이 자라지 않게 된 땅에서 수천 년 동안

유목의 전통 속에 살아온 몽골 사람들은 기후난민이 되고 있습니다. 이에 기독교환경운동연대와 사)한국교회환경연구소는 기후재난으로 고통받고 있는 몽골의 이웃들을 돕기 위해 '몽골 은총의 숲' 조성 사업을 지난 2009년부터 진행해 왔습니다. 우선 토양을 개량하기 위해 풀을 심었고, 현지의 건조한 토양과 겨울에는 영하 40도까지 내려가는 극한의 기후에 적응할 수 있는 11여 종의 나무 선별했습니다. 그렇게 지금까지 28,000여 그루의 나무를 몽골 은총의 숲에 심어 왔습니다.

❖ 오늘의 이야기

숲 만들기

몽골 은총의 숲에서는 양묘장에서 어린 나무들을 직접 길러서 심고 있습니다. 또한 이미 심은 나무들을 크고 튼튼하게 자라게 하기 위한 옮겨심기로 건강한 숲을 만들고 있습니다.

경험하고 성찰하기

몽골의 대자연과 역사, 문화를 깊이 있게 체험하는 생태기행을 통해, 몽골 문화의 오랜 생태적 지혜를 배우고 있습니다. 이를 통해 기후위기 시대의 생태적 삶에 대한 성찰과 창조세계의 회복을 위한 기도를 이어가고 있습니다.

임농업 교육하기

몽골 은총의 숲에는 해마다 비타민, 레드커런트 등 나무열매와 텃밭에서 재배한 농산물들을 수확해 판매하고 있습니다. 이같은 임농업 교육을 통해 지역 공동체의 지속가능한 일자리를 만들고, 농업학교 학생들의 실습을 돕고 있습니다.

관계 맺기

몽골의 명절과 축제 기간에 몽골 은총의 숲 주변 지역 행사를 후원하고 있으며, 코로나19 팬데믹의 확산을 방지하기 위해 마스크 구입 기금을 전달하는 등 지역사회와 친밀한 관계를 맺어나가고 있습니다.

❖ 앞으로의 이야기

기후위기가 더욱 심각해지는 가운데 몽골 은총의 숲은 생태계의 회복을 통해 창조세계의 온전함을 이루는 교회의 사역으로써 더욱 중요성이 부각되고 있습니다. 최근 몽골 정부는 기후위기 대응을 위해 정부 예산의 1%를 투입하여 10억 그루의 나무를 심는 계획을 발표하였습니다. 이에 몽골 정부에서는 몽골 은총의 숲에 묘목 공급과 임농업 교육에 대한 협력을 요청하고 있습니다. 계속해서 몽골 은총의 숲을 더욱 건강하고 아름다운 숲으로 가꾸어 나가며, 세계의 그리스도인들이 몽골의 대자연을 경험하며 창조세계의 회복을 위해 기도하는 생태영성의 공간으로 만들어나가고자 합니다.

❖ 참여하기

나무 심기
1만 원으로 한 그루의 나무를 심고 돌볼 수 있습니다.
100그루 이상을 후원하시면 현장에 후원자의 팻말을 세워드립니다.

생태기행
몽골 은총의 숲과 몽골의 생태환경을 살펴보며 기도하는 생태기행에 참여하실 수 있습니다.

후원
정기 후원으로 몽골 은총의 숲 조성 사업을 지속적으로 후원하실 수 있습니다.

후원 계좌
농협 3010009634621 한국교회환경연구소(몽골은총의숲)

기독교환경운동연대와 사)한국교회환경연구소는 창조세계의 온전성을 지키고 생태정의를 회복하기 위해 지난 1982년에 한국교회가 설립한 한국 사회 최초의 환경단체입니다.

기독교환경운동연대와 사)한국교회환경연구소에서는 기독교 신앙을 바탕으로 생태환경 현안에 대한 대응과 함께 환경주일 성수, 녹색교회 확대, 교회 환경 교육 자료 개발, 생태신학 연구, 생태환경 캠페인, 몽골 은총의 숲 조성 사업, 한국교회 생태정의 아카데미, 한국교회 탄소중립 로드맵 등 다양한 사업을 진행하고 있습니다.

사진으로 보는 몽골 은총의 숲 조성 사업

묘목 식재(2009년)

양묘장(2009년)

관리동 작업(2010년)

묘목 식재(2010년)

양묘장(2010년)

울타리 작업과 현판(2010년)

관리동 햇빛발전(2011년)

묘목 식재 (2011년)

묘목 식재(2011년)

바트슘베르(2012년)

바트슘베르(2012년)

생태기행(2012년)

묘목 식재(2013년)

아르갈란트 숲 현황(2014년)

숲 현판(2015년)

방문자(2016년)

아르갈란트 숲 현황(2016년)

지역 학교 방문(2017년)

아르갈란트 숲 현황(2018년)

은총의 숲에 핀 야생화(2018년)

은총의 숲의 겨울(2018년)

지역 정부 방문(2018년)

생태기행(2019년)

아르갈란트 숲 현황(2019년)

생태기행(2019년)

아르갈란트 숲 현황(2019년)

추진위원회(2020년)

아르갈란트 숲 나무들(2021년)

아르갈란트 숲 현황(2021년)

은총의 숲 현황(2022년)

비타민 수확(2022년)

비타민 열매(2022년)